L'Essentiel de la grammaire française
Troisième édition

TRAVAUX PRATIQUES

Léon-François Hoffmann
Princeton University

Jean-Marie Schultz
University of California, Berkeley

PRENTICE HALL UPPER SADDLE RIVER, NEW JERSEY 07458

Editor-in-Chief: *Steve Debow*
Director of Development: *Marian Wassner*
Assistant Editor: *María García*
Editorial Assistant: *Brian Wheel*
Managing Editor: *Deborah Brennan*
Cover Design:
Page Layout: *Ximena de la Piedra*
Manufacturing Buyer: *Tricia Kenny*

 © 1995 by Prentice Hall, Inc.
A Simon & Schuster Company
Upper Saddle River, New Jersey 07458

10   9   8   7   6   5   4   3

Text: ISBN 0-13-339193-0

Prentice Hall International (UK) Limited, *London*
Prentice Hall of Australia Pty. Limited, *Sydney*
Prentice Hall Canada, Inc., *Toronto*
Prentice Hall Hispanoamericana, S. A., *Mexico*
Prentice Hall of India Private Limited, *New Delhi*
Prentice Hall of Japan, Inc., *Tokyo*
Simon & Schuster Asia Pte. Ltd, *Singapore*
Editora Prentice Hall do Brasil, Ltda., *Rio de Janeiro*

✠ CONTENTS ✠

PREMIÈRE LEÇON ✠ PARTIE A

I. Exercices préliminaires

A. *Verbes réguliers:* Mettre le verbe entre parenthèses au présent de l'indicatif.

1. L'attaché scientifique (parler) _____ français aussi bien qu'anglais.

2. Nous (finir) _____ toujours nos devoirs à temps.

3. Vous (attendre) _____ une réponse à votre lettre depuis une semaine.

4. Nous (commencer) _____ une nouvelle leçon de grammaire chaque semaine.

5. Quand nous (manger) _____ ensemble dans un bon restaurant, mon ami Paul

   (choisir) _____ toujours le plat le plus cher.

6. Les enfants (rendre) _____ souvent leurs parents fiers.

7. Tu (réfléchir) _____ avant de parler.

8. Certains étudiants (étudier) _____ trop et ne (profiter) _____ pas

   assez des ressources culturelles de la ville.

B. Mettre le verbe entre parenthèses au présent de l'indicatif.

1. J' (appeler) _____ ma mère une fois par semaine.

2. Tu (essayer) _____ toujours de me convaincre de faire ce que je ne veux pas faire.

3. Il (amener) _____ sa cousine où qu'il aille.

4. Notre médecin nous (suggérer) _____ de dormir au moins huit heures par nuit.

5. Leurs amis leur (envoyer) _____ souvent des lettres de France.

C. *Verbes irréguliers:* Récrire les phrases suivantes en remplaçant le sujet par le pronom entre parenthèses, en faisant tous les changements nécessaires.

Exemple: J'écris chaque semaine à mes parents. (nous)

   Nous écrivons chaque semaine à nos parents.

1. Tu sors d'habitude le samedi soir. (vous)

   _____

2. Paul dit la vérité. (vous)

   _____

3. Phillipe prend les gens trop au sérieux. (Ils)

_____

4. Tu mets un imperméable quand il pleut. (nous)

_____

5. Tu fais toujours bien ton travail. (vous)

_____

6. Il assiste à la conférence pour entendre la présidente de l'association. (elles)

_____

7. Si tu reçois un compliment, n'oublie pas de remercier la personne qui te l'a fait. (vous)

_____

8. Si tu résous le problème, tu recevras certainement le premier prix. (vous)

_____

9. Julie croit toujours tout ce que nous lui disons. (Ils/vous)

_____

10. Tu peux venir avec nous si tu veux. (vous)

_____

Vérifiez vos réponses. Si vous avez fait une faute, révisez la conjugaison du verbe.

Réponses aux exercices préliminaires

A. 1. parle 2. finissons 3. attendez 4. commençons 5. mangeons//choisit 6. rendent
    7. réfléchis 8. étudient//profitent

B. 1. j'appelle 2. essaies 3. amène 4. suggère 5. envoient

C. 1. Vous sortez d'habitude le samedi soir.
    2. Vous dites la vérité.
    3. Ils prennent les gens trop au sérieux.
    4. Nous mettons un imperméable quand il pleut.
    5. Vous faites toujours bien votre travail.
    6. Elles assistent à la conférence pour entendre la présidente de l'association.
    7. Si vous recevez un compliment, n'oubliez pas de remercier la personne qui vous l'a fait.
    8. Si vous résolvez le problème, vous recevrez certainement le premier prix.
    9. Ils croient toujours tout ce que vous leur dites.
    10. Vous pouvez venir avec nous si vous voulez.

II. Exercices

A. *Le présent de l'indicatif:* Compléter le passage à l'aide d'un des verbes suivants, conjugué au présent de l'indicatif.

s'inscrire	✓être	voir	✓venir
✓devoir	✓préférer	✓choisir	
pouvoir	✓entendre	présenter	

C'___est___ le début de l'année scolaire. Les étudiants ___viennent___ de toutes les régions du pays pour suivre leurs études dans cette illustre université. Le premier problème qui se ___présente___ à eux, c'est le logement. Certains étudiants ___choisissent___ d'habiter un appartement avec des camarades. D'autres ___préfèrent___ la résidence de l'université. Ceux qui s'intéressent aux relations internationales ___pouvent___ vivre à la Maison Internationale. On y ___voit___ de nombreuses langues étrangères.

Après s'être installés, les étudiants ___doivent___ choisir leurs cours du semestre. Pour savoir quels cours correspondent à leurs besoins, ils ___entendent___ d'abord le professeur et ensuite ils s'___inscrient___ au cours.

B. *Si + présent de l'indicatif:* Mettre le verbe entre parenthèses à la forme qui convient.

1. Si vous (ne pas partir) ___ne partez pas___ tout de suite vous le regretterez.
2. Si tu le (rencontrer) ___rencontres___, tu verras comme il a vieilli.
3. Si tu (envoyer) ___envoies___ cette lettre tout de suite, elle arrivera demain matin.
4. Si le chien (aboyer) _____, donnez-lui un os.
5. Il sera furieux si tu le (déranger) _____.

C. *Être en train de:* Remplacer le verbe souligné par la forme correspondante de la locution *être en train de + infinitif.*

Exemple: Prends ton imperméable, il <u>pleut.</u>   *in the process of*
      Prends ton imperméable, il est en train de pleuvoir.

1. Je ne peux pas déranger Monsieur le directeur, il <u>fait</u> ___est en train de faire___ la sieste.
2. Chaque fois que je la rencontre, elle <u>fume</u> ___est en train de fumer___.
3. L'affiche représente un boxeur qui <u>met</u> ___est en train de mettre___ _____ son adversaire hors de combat.
4. Ce que je <u>te dis</u> _____, ne le répète à personne.

---

s'inscrire: to register   déranger: to disturb
aboyer: to bark   une affiche: a poster
un os: a bone

5. Il me semble que mon père <u>lit toujours</u> _____ son journal quand j'ai quelque chose d'important à lui dire.

✳ **D.** *Depuis, il y a, voici, voilà, cela fait:* Récrire les phrases suivantes en remplaçant la locution soulignée par une locution équivalente.

Exemple: <u>Il y a</u> longtemps qu'il t'aime sans oser te le dire.

   Cela fait longtemps qu'il t'aime sans oser te le dire.

1. <u>Voilà</u> plus d'une heure que ce chien aboie.
   Il y a plus d'une heure que ce chien aboie.

2. Il pleut depuis une demi-heure.
   Il y a une demi-heure qui pleut.

3. Combien de temps <u>y a-t-il</u> que les musiciens accordent leurs instruments?
   Depuis combien de temps les musiciens accordent-ils leurs instruments?

4. Cela fait combien de temps que vous êtes étudiant?
   Depuis combien de temps êtes-vous étudiant

5. Il voyage depuis une semaine.
   Il y a une semaine qu'il voyage

E. *Depuis, il y a, voici, voilà, cela fait, pendant:* Composer une question logique à la réponse donnée.

Exemple: L'Alsace-Lorraine est redevenue française depuis 1918.

   Depuis quand l'Alsace-Lorraine est-elle redevenue française?

1. Christophe Colomb a débarqué en Amérique il y a plus de cinq cents ans.
   Il y a combien de temps Christophe Colomb a débarqué en Amérique

2. Les États-Unis ne sont plus une colonie britannique depuis 1776.
   Depuis quand les États-Unis ne sont plus une colonie britannique.

3. Cela fait deux ans que je ne suis pas allé au théâtre
   Cela fait combien de temps que tu n'es pas allé au théâtre.

4. L'Algérie est un pays indépendant depuis plus de 30 ans.
   _____
   _____

5. Dans le système américain, on doit étudier pendant trois ans pour obtenir sa licence en droit.
   _____
   _____

accorder: to tune

8

F. Formuler une phrase en utilisant *il y a, il y a...que, depuis, depuis que, pendant, voici, voilà, cela fait...que.*

Exemple: J'étudie le français / cinq ans.

J'étudie le français depuis cinq ans.

When you give a certain day or pt. of time you must use depuis

Il y a une semaine que je suis libre.

Je suis libre depuis une semaine.

1. Les États-Unis sont indépendants // 1776.

   Les États-Unis sont indépendants depuis 1776.   *dix-mille cent soixante-seize*

2. J'ai commencé à travailler // six mois.

   J'ai commencé à travailler il y dant six mois   *Je suis libre depuis lundi*

3. Mon ami ne m'a pas téléphoné // une semaine.

   Mon ami ne m'a pas téléphoné pendant une semaine.

4. Je ferme toujours ma porte à clé // qu'on a cambriolé mon appartement.

   _____

5. J'ai étudié de 9h. à midi. J'ai étudié // trois heures.

   _____

6. Je sors souvent le soir // j'habite ici.

   _____

7. La France est devenue une république // cent quatre-vingt quinze ans.

   _____

8. Que faites-vous // les vacances?

   _____

9. Nous avons discuté ce roman de Camus // deux semaines.

   _____

10. J'habite cette ville // le début de l'année.

    _____

G. *L'impératif:* Mettre les phrases suivantes à l'impératif.

Exemple: Vous travaillez dur.

Travaillez dur!

1. Tu prends ton imperméable.

   Prend ton imperméable

2. J'ai le courage nécessaire.

   Aie le courage nécessaire

3. Tu es aussi patient que ton frère.

   Sois aussi patient que ton frère.

cambrioler: to burgle, break into

4. Il rend visite aux Dubois.

_____

5. Tu étudies le français.

_____

6. Nous jouons un quatuor de Bartok.

_____

7. Vous dites la vérité.

_____

8. Ils obéissent sans discuter.

_____

9. Nous allons au théâtre ensemble.

_____

Go ahead

Vas-y

10. Tu vas me chercher les documents nécessaires.

_____

III. Exercices supplémentaires

A. *Être en train de:* Remplacer le verbe souligné par la forme correspondante de la locution *être en train de + infinitif.*

1. Le chef d'orchestre est entré pendant que les musiciens (accordaient)_____ _____ leurs instruments.

2. Si vous aviez pris la carte routière, nous (ne tournerions pas) _____ _____ en rond.

3. Demain à cette heure-ci nous (survolerons) _____ l'Atlantique.

4. Pendant que l'on découvrait le crime, le criminel (passait) _____ la frontière.

5. J'espère que dans une heure tu (n'écriras plus)_____ cette lettre.

B. *Si + présent de l'indicatif:* Mettre les verbes entre parenthèses au présent de l'indicatif ou au futur, selon le cas.

1. Je (venir) _____ vous rendre visite si vous (m'inviter) _____.

2. Si l'opération (réussir) _____, le malade (vivre) _____; si non, il (mourir)_____.

3. Le concert de demain (durer) _____ longtemps si l'on (jouer) _____ tout le programme.

---

discuter: to discuss, to argue   survoler: to fly over
tourner en rond: to go around in circles   durer: to last

4. Si vous (être) _____ libre demain, nous (aller)_____ à un concert de jazz.

5. Je ne sais pas s'ils (oser) _____ dire ce qu'ils en pensent. (si = *whether*)

C. *Depuis, depuis...que, il y a, il y a...que, voici...que, voilà...que, cela fait...que, pendant,*
pendant que: **Remplacer les tirets par la locution qui convient.**

1. Je n'ai pas vu mes parents _____ un an.

2. Il a fait un régime _____ trois semaines, mais il n'a pas maigri.

3. _____ longtemps que je ne vous ai pas écrit.

4. _____ le voleur était en train de cambrioler l'appartement, la police est arrivée.

5. J'ai commencé à étudier les langues orientales _____ quinze ans.

D. *L'impératif:* **Récrire les phrases suivantes 1) à l'impératif 2) en remplaçant les mots**
soulignés par des pronoms et 3) au négatif.

Exemple: Vous vous rasez la barbe.

     1) Rasez-vous la barbe!
     2) Rasez-la-vous!
     3) Ne vous la rasez pas!

1. Tu vas au concert.

    1) _____

    2) _____

    3) _____

2. Vous envoyez la télécopie à vos parents.

    1) _____

    2) _____

    3) _____

3. Vous vous brossez les dents.

    1) _____

    2) _____

    3) _____

4. Je me souviens de la date.

    1) _____

    2) _____

    3) _____

---

le régime: the diet   **la télécopie:** the fax
maigrir: to loose weight

5. Tu manges <u>des carottes</u>.

   1) _____

   2) _____

   3) _____

IV. Traductions

Traduire en français.

1. We don't know whether illiteracy is disappearing in Europe.

_____

_____

2. Send (fam.) some flowers; send a dozen.

_____

_____

3. He knows that you are disappointed, and he has known it for a long time.

_____

_____

4. They have been building a new school since last year.

Ils construisent une nouvell école depuis le dernier ans!

5. How long has the trade union been on strike?

Depuis combien de temps le syndicat est-il en *grève?*

6. If they ask permission, let them write their paper in English.

_____

_____

7. They completely renovated the museum a year ago.

_____

8. If he finishes the project tonight, call me at home.

_____

_____

---

illiteracy: l'analphabétisme
disappointed: déçu(e)(s)
to build: construire

the trade union: le syndicat
to be on strike: faire grève, être en grève
to renovate: rénover

9. He worked diligently on the project for a week, but he still hasn't finished it.

_____

_____

10. Have fun at the theatre, but hurry! The play begins at 8:00 pm.

_____

_____

diligently: dur
to have fun: s'amuser
to hurry: se dépêcher

PREMIÈRE LEÇON ✠ PARTIE B

I. Exercices préliminaires

A. *Verbes réguliers au futur:* Mettre le verbe entre parenthèses au futur de l'indicatif.

1. Je vous (rendre) _____ cet argent quand vous me le (demander) _____.

2. Tu (étudier) _____ la leçon ce soir.

3. Dès qu'elle (finir) _____ son travail, elle me (téléphoner) _____.

4. Nous (choisir) _____ nos cours de l'année prochaine à la fin d'août.

5. Vous (m'attendre) _____ ici jusqu'à 8 heures, n'est-ce pas?

6. Ils (prendre) _____ le vol de 15 heures.

7. Elles (passer) _____ leurs vacances à Hawaii.

8. Tu (travailler) _____ mieux si tu écoutes attentivement.

B. *Verbes irréguliers au futur:* Mettre le verbe entre parenthèses au futur de l'indicatif.

1. Je (faire) _____ la mayonnaise si vous me dites comment il faut s'y prendre.

2. Je crois qu'il y (avoir) _____ beaucoup de monde au festival ce soir.

3. Il (être) _____ prudent de prendre un parapluie; le ciel est couvert.

4. Si tu t'occupes de ton jardin, tu (cueillir)_____ des fruits et des fleurs toute la saison.

5. Vous (voir) _____: il (venir)_____ certainement avec sa cousine et son mari.

6. Nous (aller) _____ au cinéma ce soir si on joue un film d'horreur.

7. Ils (vouloir) _____ venir avec nous s'ils apprennent que nous allons au cinéma. Ne leur en parlez pas!

8. Appelez-moi aussitôt que vous (connaître) _____ les résultats.

9. Il (recevoir) _____ sûrement une réponse à sa lettre à la fin de cette semaine.

---

s'y prendre: to go about it

C. *Le futur antérieur:* Mettre le verbe entre parenthèses au futur antérieur.

1. Il écrira son compte rendu aussitôt qu'il (finir) _____ le roman.

2. Quand vous arriverez elle (partir déjà) _____.

3. Les alpinistes (atteindre) _____ le sommet demain soir.

4. Dans une heure nous (arriver) _____ au rond-point, pourvu qu'il n'y ait pas d'embouteillages.

5. Aujourd'hui en huit mon assistant (travailler) _____ exactement un an pour cette société.

Vérifiez vos réponses. Si vous avez fait une faute, révisez la conjugaison du verbe au futur ou au futur antérieur, selon le cas.

Réponses aux exercices préliminaires

A. 1. rendrai//demanderez 2. étudieras 3. finira//téléphonera
   4. choisirons 5. m'attendrez 6. prendront 7. passeront 8. travailleras

B. 1. ferai 2. aura 3. sera 4. cueilleras 5. verrez//viendra 6. irons
   7. voudront 8. connaîtrez 9. recevra

C. 1. aura fini 2. sera déjà partie 3. auront atteint 4. serons arrivés 5. aura travaillé

II. Exercices

A. *Le futur de l'indicatif:* Mettre le verbe entre parenthèses au futur de l'indicatif.

1. Quand je (arriver) __arriverai__ chez moi, je te (téléphoner) __téléphonerai__

2. Aussitôt que mon frère (avoir) __aura__ seize ans, il (obtenir) __obtiendra__ son permis de conduire.

3. Tant que ce journaliste (écrire) __écrira__, je (continuer) __continuerai__ à lire Le Monde.

4. Nous vous (donner) _____ les nouvelles lorsque nous vous (voir) _____.

5. Aussitôt que les autres (venir) _____, nous (discuter) _____ du projet.

6. Quand je (aller) _____ en France, je (visiter) _____ le musée d'Orsay.

---

le compte rendu: the book review   un embouteillage: a traffic jam
le rond-point: the traffic circle   la société: the firm, the company

7. Elle (répondre) _____ aux lettres de ses amis tant qu'ils (continuer) _____ à lui en écrire.

8. Dès que mes enfants (mettre) _____ leur chambre en ordre, nous (partir) _____ .

B. *Si + présent,* ou *futur de l'indicatif:* **Mettre le verbe entre parenthèses au présent ou au futur de l'indicatif, selon le cas.**

1. Si nous (finir) _finissons_ à temps, nous (aller) _irons_ à la plage.

2. Si je (avoir) _ai_ le choix, je (rester) _resterai_ ici.

3. Vous (maigrir) _maigrirez_ si vous (manger) _mangez_ moins et (faire) _faites_ plus de culture physique.

4. Si tu (étudier) _____ bien ce soir, tu (savoir) _____ répondre aux questions demain.

5. Nous ne savons pas si Paul (continuer) _____ à travailler pour cette société.

C. *Le futur proche:* **Récrire les phrases suivantes en remplaçant le futur par le futur proche.**

Exemple: Je sortirai ce soir.

Je vais sortir ce soir.

1. Vous enverrez un paquet à votre tante.
   Vous allez envoyer un paquet à votre tante

2. Je ferai la vaisselle demain.
   Je vais faire la vaisselle demain.

3. Nous composerons le rapport ensemble.
   _____

4. Ils nous rendront visite ce soir.
   _____

5. Tu iras au supermarché.
   _____

6. Elle partira demain matin.
   _____

7. Le conférencier parlera des problèmes écologiques en Amérique du Sud.
   _____

la culture physique: exercises, work-out
la vaisselle: the dishes

8. Il pleuvra cet après-midi.

_____

9. Il y aura des tableaux posthumes de Georgia O'Keefe à cette exposition.

_____

10. Les enfants mangeront tous les bonbons si vous ne leur dites pas d'arrêter.

_____

D. *Devoir:* **Récrire les phrases suivantes en remplaçant le verbe souligné par une construction avec** *devoir.*

Exemple: Il <u>viendra</u> chez moi ce soir.

Il doit venir chez moi ce soir.

1. L'avion <u>partira</u> à 15 heures.

_____

2. Paul <u>travaillera</u> sur ce projet avec ses collègues.

_____

3. Nous <u>irons</u> au théâtre ce soir.

_____

4. Vous <u>serez</u> au restaurant à 20 heures.

_____

5. Je l'<u>accompagnerai</u> au consulat.

_____

E. *Le futur antérieur:* **Mettre le verbe entre parenthèses au futur antérieur.**

1. Je crois qu'à la fin de la course notre champion (battre)_____ le record du monde; tous les autres coureurs (rester) _____ loin en arrière: espérons qu'ils (ne pas être) _____ trop déçus.

2. Demain à cette heure-ci nous (arriver) _____ à Londres, nous (rencontrer) _____ vos amis et nous leur (dire) _____ bonjour de votre part.

3. Dans un siècle, tous ces problèmes (disparaître)_____ : on leur (trouver) _____ une solution et ils (être) _____ oubliés.

4. Le mécanicien (finir) _____ la réparation à la fin de la semaine.

---

la course: the race
la coureur: the runner
décevoir: to disappoint

III. Exercices supplémentaires

A. *Révision:* Mettre les verbes entre parenthèses au présent, à l'impératif, au futur, au futur antérieur, ou au futur proche, selon le cas.

1. Appelez-moi, dès qu'ils (arriver) _____ chez vous.

2. Elle (être) _____ sûrement chez elle ce soir, au cas où tu voudrais la voir.

3. Je ne sais pas si Laurent (venir) _____ dîner ce soir.

4. Quand je (terminer) _____ votre portrait, je vous le montrerai.

5. S'il fait beau samedi, nous (ne pas rester) _____ à la maison.

6. Phillipe (faire) _____ du piano depuis trois ans et il en joue vraiment bien.

7. Si tu as le temps, (aller) _____ chercher mon ordonnance à la pharmacie.

8. Il y a deux ans que je (étudier) _____ le français, et je commence à le parler assez bien.

9. Quand on (réparer) _____ ma voiture, je pourrai partir pour Montréal.

10. Le professeur rendra les devoirs dès qu'il les (corriger) _____.

11. Cela fait un an qu'il (vivre) _____ à Paris.

12. Le coureur (être) _____ heureux, s'il arrive le premier.

13. Aussitôt qu'elle (savoir) _____ la vérité, elle avertira la famille.

14. Après que ses parents (partir) _____, elle ira chez sa cousine pour ne pas rester seule.

15. Marie sera heureuse quand elle (obtenir) _____ sa licence en droit.

16. Je (partir) _____ tout de suite.

17. L'ambassadeur (devoir) _____ venir à la soirée, mais personne ne sait s'il (arriver) _____ à temps.

18. Tant que tu (ne pas manger) _____ ta soupe, tu ne sortiras pas.

19. Si mon oncle va à la réunion, je (ne pas y aller) _____

---

une ordonnance: a prescription
avertir: to warn to inform

IV. Traductions

Traduire en français.

1. As soon as you arrive, we'll have dinner.

   Aussitôt que vous arriverez, nous dinerons dîner.

2. If you walk so slowly, you'll be late.

   Si vous marchez si lentement, vous serez en tard.

3. He is supposed to leave tomorrow, but who knows if he will have received his passport.

   _____

   _____

4. As long as there are slums in our city, our association will continue to protest.

   _____

   _____

5. Everyone hopes that tomorrow the situation will no longer be desperate.

   _____

   _____

6. Hurry up, if you want to see this program.

   Depechez, si vous voulez voir cette émission.

7. We'll give him the floor if he asks for it.

   _____

8. I'm supposed to get home at 8:00 pm, but I'll call you if there's a change of plans.

   _____

   _____

9. I'm going to go shopping this afternoon. Come with me if you have the time.

   _____

   _____

10. Will you go with me to the concert? Vladimir Horowitz is going to play.

    _____

    _____

---

slums: les taudis
program: une émission
to give the floor: donner la parole

to get home: rentrer
to go shopping: faire des courses
to go with someone: accompagner quelqu'un

DEUXIÈME LEÇON ✠ PARTIE A

I. Exercices préliminaires

A. *Verbes réguliers:* Mettre les phrases suivantes au passé composé.

1. Paul dort longtemps.
   Paul a dormi longtemps.

2. Les touristes choisissent leur hôtel avant de partir.
   Les touristes ont choisi leur hôtel avant de partir.

   novelist
3. Nous entendons parler de cette romancière.
   Nous avons entendu parler de cette romancière.

4. Vous écoutez de la musique classique pendant une heure.
   Vous avez écouté de la musique classique pendant une heure.

5. Je remplis la bouteille d'eau fraîche.
   J'ai remplis la bouteille d'eau fraîche.

B. *Participes passés irréguliers:* Donner le participe passé des verbes suivants.

1. lire: _____ *lu* _____   6. ouvrir: _____ *ouvert* _____
2. courir: _____ *couru* _____   7. pleuvoir: _____
3. boire: _____ *bu* _____   8. prendre: _____
4. mettre: _____ *mis* _____   9. recevoir: _____
5. mourir: _____ *mort* _____   10. devoir: _____

C. *Verbes intransitifs:* Mettre les phrases suivantes au passé composé.

1. Pauline va au théâtre.
   Pauline est allée au théâtre.

2. Nous restons chez nous.
   Nous sommes restés chez nous.

---

entendre parler de: to hear about   le romancier, la romancière: the novelist
remplir: to fill

3. L'enfant tombe de l'arbre.

   <u>L'enfant est tombé de l'arbre.</u>

4. Leur fils devient prêtre. *preader*

   <u>Leur fils est devenu prêtre.</u>

5. Ils reviennent nous dire au revoir.

   <u>Ils sont revenus nous dire au revoir.</u>

D. *Le passé simple:* **Donner le passé simple des verbes suivants.**

1. Nous écoutons: _____

2. Vous finissez: _____

3. Ils entendent: _____

4. Tu manges: _____

5. Je choisis: _____

Vérifiez vos réponses. Si vous avez fait une faute, révisez la conjugaison du verbe.

Réponses aux exercices préliminaires

A. 1. Paul a dormi longtemps.
2. Les touristes ont choisi leur hôtel avant de partir.
3. Nous avons entendu parler de cette romancière.
4. Vous avez écouté de la musique classique pendant une heure.
5. J'ai rempli la bouteille d'eau fraîche.

B. 1. lu 2. couru 3. bu 4. mis 5. mort 6. ouvert 7. plu 8. pris 9. reçu 10. dû

C. 1. Pauline est allée au théâtre.
2. Nous sommes restés chez nous.
3. L'enfant est tombé de l'arbre.
4. Leur fils est devenu prêtre.
5. Ils sont revenus nous dire au revoir.

D. 1. Nous écoutâmes 2. Vous finîtes 3. Ils entendirent 4. Tu mangeas 5. Je choisis.

---

le prêtre: the priest

II. Exercices

A. *Le passé composé:* Remplacer le passé simple par le passé composé.

1. Hector Berlioz (composa) __*a composé*__ des symphonies et des opéras.
2. Richelieu (fut) __*a été*__ l'architecte de la monarchie absolue.
3. Il (fallut) __*a fallu*__ cinq ans pour trouver la solution de ce problème.
4. Ils (se conduisirent) _____ comme des idiots et (durent) _____ payer le prix de leur sottise.
5. Charles Dickens (naquit) _____ en 1812 et (mourut) _____ en 1870.
6. Sous Louis XIV, beaucoup d'Huguenots (refusèrent) _____ de se convertir au catholicisme et (quittèrent) _____ la France.
7. Les Pharaons (firent) _____ construire les pyramides; des centaines de milliers d'esclaves (travaillèrent) _____ à leur construction.
8. Jules César (déclara) _____ : "Je (vins) _____, je (vis) _____, je (vainquis) _____."

B. *Le passé simple:* Mettre les verbes entre parenthèses au passé simple.

1. Molière (naître) _____ à Paris en 1622.
2. Il (faire) _____ ses études dans la même ville et (obtenir) _____ sa licence en droit à vingt ans.
3. Il (devenir) _____ acteur et (parcourir) _____ toute la France avec sa troupe.
4. Il (épouser) _____ une actrice, Armande Béjart, mais (être) _____ toujours malheureux avec elle.
5. En 1662, Molière (représenter) _____ la première de ses grandes comédies, L'École des Femmes.
6. La pièce (avoir) _____ un succès énorme.
7. Pourtant, les envieux (accuser) _____ Molière d'immoralité et (essayer) _____ de faire interdire ses pièces, mais le roi Louis XIV le (protéger) _____ et (l'inviter) _____ même à la cour de Versailles.

---

la licence en droit: the law degree
parcourir: to travel through
la troupe de théâtre: the theatre company

interdire: to forbid, ban

8. Il (fréquenter) _____ tous les grands écrivains de son temps et

(mourir) _____ en 1673.

C. *L'auxiliaire être ou avoir:* **Faire des phrases complètes avec les fragments de phrases donnés.**

Exemple: Elle//rentrer//tard//hier soir.

Elle est rentrée tard hier soir.

1. Pauline//sortir//hier soir.

Pauline est sortie hier soir

2. Les enfants//descendre//dire bonne nuit//à leurs parents.

Les enfants sont descendu dire bonne nuit à leur parents.

3. Je//passer//de bonnes vacances//à la Martinique.

J'ai passé de bonnes vacances à la Martinique

4/5. Quand Elizabeth//passer//devant une pâtisserie// elle//ne pas pouvoir// résister à la

tentation//d'acheter des tartelettes aux framboises.

_____

_____

6. La maîtresse//entrer// dans la salle de classe//en courant.

_____

7/8. Mme Pasquier//monter//les valises//et elle//redescendre.

_____

9/10. Marie//sortir//les livres de son sac//et les//retourner à la bibliothèque.

_____

D. *Le passé composé:* **Mettre les verbes entre parenthèses au passé composé. Faire l'accord du participe passé lorsqu'il s'impose.**

Aussitôt que M. Desrosiers (découvrir) *a découvri* le vol, il (téléphoner)

a téléphoné à la police. L'inspecteur et ses assistants (arriver) *sont arrivés*

quelques minutes après et (commencer) *ont commencé* à lui poser des questions.

—M. Desrosiers, à quelle heure (sortir) *est sorti* vous _____ ce soir?

—Ma femme et moi (partir) _____ vers 7 heures. Nous (aller)

_____ au théâtre voir <u>Lucrèce Borgia</u> de Victor Hugo. Nous (rentrer)

sommes rentrés vers onze heures. Nous (voir) _____ tout de suite

que quelqu'un avait forcé la porte, et je vous (appeler) *avez appelé* sans rien

toucher.

---

fréquenter quelqu'un: to associate with someone   **le vol:** the theft
un inspecteur (de police): a (police) detective.

III. Exercices supplémentaires

A. *Le passé composé:* Mettre les verbes entre parenthèses au passé composé.

Martin Guerre (naître) _____ au XVIe siècle dans un petit village. Très jeune,

il (épouser) _____ une jolie jeune fille qui s'appelait Bertrande, et après

quelques années ils (avoir) _____ un enfant qu'ils (appeler) _____

Sanxi. Malheureusement, malgré l'affection de sa femme et de sa famille, rien (ne pouvoir) _____

_____ rendre Martin heureux et un jour il (partir) _____ à la guerre.

Après neuf ans, un homme qui ressemblait à Martin (arriver) _____ dans le

village. Tout le monde (l'accueillir) _____ comme s'il était le vrai Martin, et

même Bertrande (le prendre) _____ pour son mari, jurant que cet homme

était celui qu'elle avait épousé. Pendant longtemps tout (aller) _____ bien:

Martin travaillait dur, c'était un bon compagnon et un mari affectueux.

Mais un jour tout (changer) _____. Des vagabonds (reconnaître)

_____ dans cet homme un camarade de régiment de leur propre village.

Tout le monde (devoir) _____ se présenter au tribunal pour laisser les juges

décider de l'identité de cet homme. Là, le faux Martin (faire) _____ preuve

d'une mémoire prodigieuse, et il semblait qu'il allait gagner le procès. Mais à la dernière minute

le vrai Martin Guerre (revenir) _____ et on (pendre) _____

le faux Martin.

IV. Traduction

Traduire en français.

1. It rained all day, but my friends and I decided to go on a picnic anyway.

   _____

   _____

2. When my friends arrived from France, I took their suitcases up to their room
   and told them to make themselves at home.

   _____

   _____

---

accueillir: to welcome
faire preuve de: to show, demonstrate, evince
le procès: the court case

pendre: to hang
to go on a picnic: faire un pique-nique
to make oneself at home: faire comme chez soi

3. Tomorrow, if you have finished this detective story, I will lend you another one.

_____

_____

4. The scientist worked on the problem for a week and still couldn't find the solution. His colleague solved it after a day.

_____

_____

_____

5. The policeman took out his revolver and ordered the thief to stop.

_____

_____

6. The Duponts spent their vacation in Italy this year.

_____

_____

7. When you come down, don't forget to bring my book.

_____

_____

8. Paul stopped by the bakery and bought some bread.

_____

_____

9. Philippe forgot the time and had to leave the party immediately.

_____

_____

10. The diplomat lived in Italy for five years. Now he lives in Paris.

_____

_____

the detective story: le roman policier   the time: l'heure
to stop by: passer par
the bakery: la boulangerie

DEUXIÈME LEÇON ✠ PARTIE B

I. Exercices préliminaires

A. *L'imparfait:* **Mettre les verbes entre parenthèses à l'imparfait.**

1. Chaque jour M. Lebrun (faire) _____ la même chose. Il (manger) _____ un croissant, il (boire) _____ un café au lait, il (lire) _____ son journal, il (dire) _____ au revoir à sa femme, il l'(embrasser) _____ et il (sortir) _____ de la maison.

2. Quand nous (être) _____ enfants, nous (finir) _____ toujours notre soupe.

3. Bien que leurs amis aient dit qu'ils ne viendraient probablement pas, les Dupont les (attendre) _____ toujours.

B. *Le plus-que-parfait:* **Mettre les verbes entre parenthèses au plus-que-parfait.**

1. Quand Marie a redemandé son livre à Charles, elle ne se rappelait pas qu'il le lui (déjà rendre) _____ .

2. Si M. Desrosiers (être) _____ plus riche, aurait-il été plus heureux?

3. Chaque 1er juillet, aussitôt que nous (choisir) _____ notre destination, nous partions.

4. Dès que Julie (sortir) _____ , sa mère commençait à ranger sa chambre.

5. Si vous (rentrer) _____ plus tôt, vous auriez pu dîner avec nous.

Vérifiez vos réponses. Si vous avez fait une faute, revisez la formation du temps et la conjugaison du verbe.

Réponses aux exercices préliminaires

A. 1. faisait 2. mangeait 3. buvait 4. lisait 5. disait 6. embrassait 7. sortait 8. étions 9. finissions 10. attendaient

B. 1. avait déjà rendu 2. avait été 3. avions choisi 4. était sortie 5. étiez rentré(e)(s)(es)

II. Exercices

A. *L'imparfait:* Mettre le verbe entre parenthèses à l'imparfait.

1. Hier après dîner, je (lire) _____ le journal, ma sœur (coudre)
   _____, mon père (finir) _____ son café et mon frère (venir)
   _____ de rentrer.
2. Nous ne (savoir) _____ pas que vous (aller) _____ venir nous
   voir, puisque vous ne nous aviez pas prévenus.
3. En vous voyant entrer, nous avons compris qu'il (falloir) _____ vous rassurer,
   car vous (avoir) _____ l'air très inquiet; vous (être) _____
   couvert de sueur et vos mains (trembler) _____.

B. *Si + imparfait:* Mettre le verbe entre parenthèses à l'imparfait.

1. Je n'irais en France que si l'on me (payer) _____ le voyage.
2. S'il y (avoir) _____ du danger, nous prendrions des précautions.
3. Nous serions très surpris si vous (avoir) _____ raison.
4. Même si mes amies (penser) _____ le contraire, elles me diraient que mon
   fiancé est charmant.
5. Si tu (savoir) _____ combien je t'aime!

C. *Le plus-que-parfait:* Mettre le verbe entre parenthèses au plus-que-parfait.

1. À minuit, nous n'étions pas fatigués, car nous (faire) _____ la sieste
   après le déjeuner.
2. Il a pu servir d'interprète, puisqu'il (étudier) _____ le russe dans
   sa jeunesse.
3. Aussitôt qu'il (rentrer) _____, il s'asseyait devant la télévision.
4. Elle (me promettre) _____ de faire un régime, mais deux jours
   plus tard je l'ai vu manger une énorme tarte à la crème.
5. Lorsque l'actrice a appris qu'on (donner) _____ le rôle à une autre,
   elle s'est mise à pleurer.

---

venir de faire quelque chose: to have just done some
  thing
prévenir: to warn
rassurer: to reassure

inquiet: worried
la sueur: the sweat
faire la sieste: to take a nap
faire un régime: to be on a diet

D. *Si + plus-que-parfait:* Mettre le verbe entre parenthèses au plus-que-parfait.

    1. Si seulement notre équipe (jouer) _____ mieux hier!

    2. Croyez-vous que Montaigne aurait écrit les *Essais* s'il (vivre) _____ au moyen âge?

    3. Si seulement je (ne pas dire) _____ tant de sottises! Il a dû me prendre pour un imbécile.

    4. Si vous (étudier) _____, vous n'auriez pas eu une si mauvaise note.

    5. Elle n'aurait jamais eu tant de malheurs si elle (suivre) _____ les conseils de ses parents.

E. *L'imparfait* ou *le plus-que-parfait:* Mettre le verbe entre parenthèses à l'imparfait ou au plus-que-parfait, selon le cas.

    1. On m'a fait savoir qu'elle (demander) _____ quand je rentrerais.

    2. Tous les samedis soirs, il (sortir) _____ faire la fête avec ses amis.

    3. Chaque fois que je (désobéir) _____, mes parents me punissaient.

    4. Si les ordinateurs (ne pas être) _____ si chers, je m'en serais acheté un.

  5/6. Lorsque le professeur (finir) _____ le cours, il nous offrait un verre; ce (être) _____ un brave type.

    7. En arrivant, nous étions en sueur, parce que nous (courir) _____ pour ne pas être en retard.

    8. Vous auriez compris si vous (faire) _____ attention.

 9/10. Si vous (parler) _____ moins et (écouter) _____, vous seriez moins ignorant.

F. *Emploi du passé composé, de l'imparfait, et du plus-que-parfait:* Mettre le verbe entre parenthèses au passé composé, à l'imparfait, ou au plus-que-parfait, selon le cas.

Madame Lebois est sortie de la maison en courant; je (savoir) _____ qu'elle avait rendez-vous avec sa belle-mère, qui devait arriver par le train de 7 heures. Tout à coup, elle (glisser) _____ et (tomber) _____ par terre. Des passants ont couru vers elle et l'ont aidée à se relever. Un agent de police qui (faire) _____ sa ronde s'est approché; il (appeler) _____ une ambulance et a accompagné Madame Lebois à l'hôpital. Pendant ce temps, la belle-mère,

---

la sottise: stupidity, foolishness
un ordinateur: a computer
le brave type: the nice guy
davantage: more

la belle-mère: the mother-in-law
glisser: to slip, slide
le passant: the passer-by

qui (attendre) _____ depuis une heure, avait faim et soif, mais ne (vouloir)

_____ pas quitter la gare avant l'arrivée de sa belle-fille. Celle-ci (arriver)

_____ enfin, mais elle (marcher) _____ avec une

canne, car elle s'était fait mal à la jambe. Elle a raconté sa mésaventure à sa belle-mère, qui lui

(offrir) _____ son bras pour l'aider. Elle a pris un taxi qui (stationner)

_____ devant la gare. Le chauffeur (fumer) _____

un gros cigare et parlait sans arrêt. Quand le taxi s'est arrêté devant la porte, j'ai demandé à

Madame Lebois ce qui lui (arriver) _____. Elle m'a répondu qu'elle (avoir)

_____ un accident, mais que maintenant elle se portait à merveille, et elle

(vouloir) _____ même porter elle-même la valise de sa belle-mère du taxi à chez elle.

III. Exercices supplémentaires

A. *Révision - le présent, l'impératif, le futur, le futur antérieur, le passe composé, l'imparfait,*
le plus-que-parfait: Mettre le verbe entre parenthèses au temps qui convient.

Ah, si seulement je (savoir) _avais su_ ! Quelle peur j'ai eue! Quand vous

(apprendre) _apprendrez_ ce qui me (arriver) _est arrivée_, vous me

(plaindre) _plaindrez_ .... ou peut-être penserez-vous que j'invente?   *pensais*

(Écouter) _Écoutez_ : j'avais pris l'avion à 13 heures, et je (penser) _avais pensé_

atterrir à l'heure que la compagnie (indiquer) _avais indiqué_. Il me (rester)

Imp _restait_ à peu près trois heures de vol. Tout à coup un passager s'est levé. Il

(tenir) _tenait_ à la main une bouteille pleine d'un liquide incolore. Il (annoncer)

annonçait que c'était de la nitroglycérine et que si le pilote n'avait pas mis le cap sur

la Suisse quand il aurait fini de compter jusqu'à vingt, il ferait sauter l'appareil. Tout le monde

était terrorisé. Je (entendre) _avait entendu_ parler de pirates de l'air, mais qui aurait dit

que j'en rencontrerais un face à face? Le pilote (obéir) _obéisait_ . Un silence de

mort (régner) _régnait_ . Une dame (prier) _priait_ à voix basse.

Moi qui (arrêter) _a arrêté_ de fumer trois ans plus tôt, je (demander)

ai demandé une cigarette à mon voisin. Il ne lui en (rester) _restait_

que deux, mais il m'en (donner) _a donné_ une: il (comprendre)

a compris que j'en (avoir) _ai eu_ vraiment besoin. Heureusement,

---

la belle-fille: the daughter-in-law
stationner: to park (a car)
à merveille: excellently
plaindre quelqu'un: to pity someone
à peu près: about, more or less
le vol: the flight

incolore: colorless
mettre le cap sur: to set course for
faire sauter: to blow up
un appareil: an airplane
le pirate de l'air: the highjacker
le voisin: the neighbor

tout a bien fini. L'avion (atterrir) _a atterri_ sans incident. Quand on (ouvrir)
avait ouvri [a ouvert] les portières, le pirate de l'air nous a poliment remerciés, (mettre)
a mis la bouteille dans sa poche, et s'est rendu aux policiers qui l'(attendre)
attendaient. Était-ce un fou? Était-ce un criminel? Je ne l'ai jamais su, et même
maintenant je (ne pas vouloir) _ne veux pas_ le savoir.

IV. Traduction

Traduire en français.

1. When we were in France, we used to attend the performance of classical plays.

   _____

   _____

2. If only I had paid attention!

   _____

   _____

3. When the minister resigned, the press had been attacking him for weeks.

   _____

   _____

4. When I was young, my parents used to worry because I looked too serious for my age.

   _____

   _____

5. It had snowed all night and roads were dangerous, but I decided to drive anyway.

   _____

   _____

6. When I was a student at the university, I would go out almost every weekend, but only
   if I had been able to borrow some money.

   _____

   _____

7. My former girl friend always wanted to go dancing, but I preferred to see a movie.

   _____

   _____

---

atterrir: to land
se rendre: to surrender
performance: la représentation
to resign: donner sa démission, démissionner

to look (pertaining to appearance): avoir l'air
anyway: malgré tout
the girl friend: la petite amie

8. It was a beautiful day for a picnic! The sun was shining, the flowers were blooming, the birds were singing!

_____

_____

9. My brother was 39 years old when his wife and he finally decided to have a child.

Mon frère avait trente-neuf ans quand sa femme et
lui-même finalement ont décidé d'avoir un enfant.

10. My friend had just gotten her law degree when she decided to work for my father, who had established his own company twelve years previously.

_____

_____

to bloom: fleurir, être en fleur
to have a child: avoir un enfant
establish: fonder

previously: auparavant

TROISIÈME LEÇON ✠ PARTIE A

I. Exercices préliminaires

A. *Verbes réguliers:* Mettre les verbes entre parenthèses au présent du conditionnel.

1. Paul (finir) _____ son travail s'il n'était pas malade.

2. Nous (regarder)_____, la télévision si nous en avions une.

3. Je vous (attendre) _____ si vous me le demandiez.

4. Il a dit que ses parents (choisir)_____ un beau cadeau pour sa femme.

5. Les lecteurs ne (rendre)_____ pas les livres en retard si la

   bibliothèque les leur prêtait plus longtemps.

6. Tu n' (oser) _____ jamais mentir à tes parents.

7. Donnez-moi les clés au cas où vous (arriver) _____ après moi.

8. J' (entrer)_____ dans l'appartement si vous ouvriez la porte.

9. Les enfants ne (comprendre) _____ pas ce film, même si on le leur expliquait.

10. Nous (éclaircir) _____ le mystère si nous connaissions tous les détails.

B. *Verbes irréguliers:* Mettre les verbes au présent du conditionnel.

1. avoir: je _____   6. falloir: il _____
2. devenir: nous _____   7. cueillir: tu _____
3. mourir: ils _____   8. devoir: vous _____
4. envoyer: tu _____   9. être: je _____
5. faire: vous _____   10. aller: nous _____

C. *Le conditionnel antérieur:* Mettre les verbes entre parenthèses au conditionnel antérieur.

1. Je (faire) _____ le lit si j'avais eu le temps.

2. Hélène (rentrer) _____ plus tôt si elle avait regardé sa montre.

3. Tu (devoir) _____ me dire que tu n'allais pas venir.

4. Nous (sortir) _____ ce week-end si nous n'avions pas eu la grippe.

5. Elles (finir) _____ de manger à 13 heures si elles avaient été servies plus vite.

Vérifiez vos réponses. Si vous avez fait une faute, révisez la formation du conditionnel présent ou passé et la conjugaison du verbe.

Réponses aux exercices préliminaires

A. 1. finirait 2. regarderions 3. attendrais 4. choisiraient 5. rendraient 6. oserais
7. arriveriez 8. entrerais 9. comprendraient 10. éclaircirions

B. 1. j'aurais 2. nous deviendrions 3. ils mourraient 4. tu enverrais 5. vous feriez
6. il faudrait 7. tu cueillerais 8. vous devriez 9. je serais 10. nous irions

C. 1. j'aurais fait 2. serait rentrée 3. aurais dû 4. serions sortis 5. auraient fini

II. Exercices

A. *Le conditionnel présent:* **Mettre les verbes entre parenthèses au présent du conditionnel.**

1. D'après l'agence de presse, le président de l'association (annoncer) _____ les résultats de l'élection à la réunion ce soir.

2. (Prendre) _____ -vous encore du café, Monsieur?

3. Philippe m'a dit qu'il (venir)_____ ce soir. Je ne sais pas pourquoi il n'est pas encore arrivé.

4. Le député a préparé un projet de loi au cas où l'Assemblée (accepter)_____ de discuter la question.

5. La situation (empirer)_____, d'après les journaux.

6. (Pouvoir) _____ -nous savoir ce que vous désirez?

7. Au cas où il y (avoir) _____ une grève des transports, je vous conduirai en voiture.

8. Il (falloir)_____ que vous arrêtiez de vous plaindre.

9. Pauline nous a téléphoné que les Dupont (arriver) _____ ce soir après 22 heures.

10. (Savoir) _____ -vous où est la gare Saint-Lazare?

B. *Si + imparfait, le conditionnel présent:* **Mettre les verbes entre parenthèses au présent du conditionnel.**

1. Si les hommes étaient plus intelligents, il y (avoir)_____ moins de guerres.

2. Vous (venir)_____ avec nous, si vous saviez où nous allons.

3. Si nous commencions tout de suite, nous (finir)_____ plus vite.

4. Si vous regardiez la carte, vous (ne pas tourner)_____ en rond.

5. S'ils étaient plus riches, ils (aller) _____ en vacances au Brésil.

---

empirer: to grow worse
se plaindre: to complain

6. Si tu savais combien je t'aime, tu (m'épouser) _____ .

7. S'il faisait beau nous (jouer) _____ au tennis.

8. S'il l'aimait, il lui (offrir)_____ des fleurs plus souvent.

9. Si tu savais danser, je (sortir) _____ avec toi.

10. Tu (écrire)_____ plus souvent à tes amis si tu avais le temps.

C. *Le conditionnel antérieur:* **Mettre les verbes entre parenthèses au conditionnel antérieur.**

1. Au cas où il y (avoir) _____ une grève des transports, j'avais loué une voiture.

2. Selon eux, la grève de la semaine prochaine (être) _____ annulée.

3. Paul m'a dit qu'il (finir) _____ le projet quand nous arriverions.

4. D'après l'agence France-Presse, la Faculté de médecine (décider) _____ de créer une chaire d'acuponcture.

5. Sa femme avait tout préparé elle-même au cas où son mari (ne pas arriver)_____ à temps.

D. *Si + plus-que-parfait, le conditionnel antérieur:* **Mettre les verbes entre parenthèses au conditionnel antérieur.**

1. Vous (venir) _____avec nous si vous aviez su où nous allions.

2. Si nous avions commencé à fumer, nous (ne pas pouvoir) _____ _____nous arrêter.

3. Si j'avais su que tu étais si têtu, je (ne jamais t'épouser)_____ .

4. Est-ce que Camus (recevoir) _____le prix Nobel s'il n'avait pas écrit L'Étranger?

5. Si vous aviez voulu m'aider, tout (être) _____ plus facile.

6. Je (regarder) _____ la télévision si j'avais su qu'il y aurait une émission sur la Chine.

7. Est-ce que tu (acheter) _____ cette robe si tu n'avais oublié pas ta carte de crédit?

8. Tu (savoir) _____la nouvelle si tu avais lu le journal.

9. Hélène (sortir)_____ avec Paul s'il l'avait invitée plus tôt.

10. Je (réussir) _____ si tu m'avais aidé.

E. *Devoir au conditionnel présent* ou *antérieur:* **Mettre le verbe *devoir* au présent ou au passé du conditionnel, selon le cas.**

1. Je _____ ne plus te parler après ce que tu m'as fait.

2. Paul a attrapé un rhume. Il _____ rester chez lui hier au lieu de sortir jouer dans la neige.

3. Vous _____ avoir déjà fini ce rapport. Qu'est-ce que vous avez fait pendant mon absence?

4. Pierre _____ faire le dîner: nous aurions mieux mangé.

5. Tu _____ écouter les conseils de tes parents; maintenant, il est trop tard.

F. Mettre les verbes entre parenthèses au temps et au mode qui conviennent.

1. Si j'avais lu ta lettre avant de partir, je (ne pas venir) *ne serait pas venu* te rendre visite.

2. S'il ne pleuvait pas maintenant, nous (faire) *ferions* du ski.

3. (Vouloir) *Voudriez* -vous un verre d'eau minérale, M. le Président?

4/5. Si j'avais su que tu (apporter) *aurait apporté* tant de vin, je (acheter) *aurais acheté* plus de fromage.

6. J'apporterai le dessert au cas où vous (ne pas avoir) *n'auriez pas* le temps de vous en charger.

7. Tu (ne pas devoir)_____ lui dire que son fiancé manquait d'imagination. Maintenant elle te déteste.

8. Selon l'agence France-Presse, le Premier ministre (annoncer) *annoncerait* sa démission ce soir.

9. Si vous (aimer) *aimiez* les tulipes, vous iriez en Hollande.

10. Nous (ne pas avoir) *n'aurions pas eu* de problèmes, si nous avions pris de l'essence à la dernière station-service.

III. Exercices supplémentaires

A. *Révision des temps et modes employés avec "si"*: Mettre les verbes entre parenthèses au mode et au temps qui conviennent.

1. Si vous (ne pas connaître) _____ la réponse, inventez-en une.

2. Si vous aviez invité cette dame à votre soirée, vous (faire) _____ la connaissance de son mari.

3. Si je (être)_____ toi, je ne mettrais pas cette cravate.

4. Si nous l'invitons, est-ce qu'il (venir)_____ ?

5. S'ils (savoir)_____ que vous alliez revenir quelques jours plus tôt, ils auraient préparé un grand dîner en votre honneur.

---

le rhume: the (head) cold   la démission: the resignation

6. Si tu avais assez d'argent, tu (aller) _____ en Espagne.

7. Nous ne savons pas si Marie (épouser) _____ Philippe. (si = *whether*)

8. Est-ce qu'il (être) _____ si gentil avec toi s'il avait su qui tu étais?

9. Ils ne savaient pas si ce (être) _____ possible. (si = *whether*)

10. Il (finir) _____ de réparer le moteur si vous lui dites comment faire.

B. *Révision des temps et des modes:* **Mettre les verbes entre parenthèses au mode et au temps qui conviennent.**

Hier soir quand Marie (rentrer) _____ chez elle, elle (avoir) _____ envie de pleurer. Elle (voir)_____ son ancien professeur de chimie et maintenant elle (se demander) _____ si elle (prendre) _____ une mauvaise décision en choisissant d'étudier l'histoire et non pas la chimie. Avec une licence de chimie elle (pouvoir) _____ étudier la médecine. Si seulement elle (écouter) _____ ses parents! Maintenant elle _____ (préparer) une belle carrière, elle (pouvoir) _____ se spécialiser en pédiatrie. Mais est-ce qu'il (être) _____ vraiment trop tard pour changer de carrière? (Être) _____ il encore possible de faire de la chimie et ensuite d'entrer à l'école de médecine? "Demain je (aller) _____ voir le professeur Marette. Si je lui (parler)_____ de mon problème, il me (dire) _____ ce que je (devoir)_____ faire."

IV. Traduction

Traduire en français.

1. If he hadn't been given the floor, he would have caused problems.

_____

_____

2. The government promised that radio announcers would be able to speak freely.

_____

_____

3. In the event that you make a decision, let me know right away.

_____

_____

---

se demander: to wonder   the radio announcer: le speaker, la speakerine
to give the floor: donner la parole   to make a decision: prendre une décision

4. If she had been lazy, she wouldn't have finished yet.

_____

_____

5. If they had listened to our advice, they would have played better.

_____

_____

6. According to the radio, the prime minister has married a movie star.

_____

_____

7. Everything must be ready in case they should arrive earlier.

_____

_____

8. I would like to help you (fam.); perhaps you could tell me how?

_____

_____

9. I would go with you, but they didn't invite me.

_____

_____

10. It would be easier to write the report, if you told me exactly what details it should include.

_____

_____

advice: des conseils   **the report:** le rapport
to marry: épouser
the movie star: la vedette de cinéma

Nom de l'élève ______________ *Professeur* ______________

TROISIÈME LEÇON ✠ PARTIE B

I. Exercices préliminaires

A. Conjuguer les verbes au présent de l'indicatif, puis en donner le participe passé et le futur.

Devoir
je: ______________
nous: ______________
ils: ______________
participe passé: ______________
futur: je: ______________

Savoir
je: ______________
vous: ______________
elles: ______________
participe passé: ______________
futur: tu: ______________

Connaitre
je: ______________
il: ______________
ils: ______________
participe passé: ______________
futur: nous: ______________

Pouvoir
je: ______________
nous: ______________
ils: ______________
participe passé: ______________
tu: ______________

Faire
tu: ______________
vous: ______________
elles: ______________
participe passé: ______________
elle: ______________

Vérifiez vos réponses. Si vous avez fait une faute, revisez la conjugaisons des verbes.

Réponses aux exercices préliminaires

je dois	je peux	je sais	tu fais	je connais
nous devons	nous pouvons	vous savez	vous faites	il connaît
ils doivent	ils peuvent	elles savent	elles font	ils connaissent
dû	pu	su	fait	connu
je devrai	tu pourras	tu sauras	elle fera	nous connaitrons

II. Exercices

A. *Devoir:* Remplacer les tirets par la forme qui convient du verbe *devoir* et en justifier l'emploi selon les catégories suivantes: dette, obligation, intention, probabilité, conseil, reproche.

1. En principe l'avion _____ partir dans une heure, mais on parle depuis trois jours d'une grève des pilotes. _____

2. Quand j'étais étudiante je _____ de l'argent à tout le monde._____

3. Marie-France est très en retard. Il _____ y avoir des embouteillages sur l'autoroute._____

4. Tu _____ rendre ce livre demain, sinon tu auras une amende._____

5. Vous _____ faire attention à ce qu'on vous dit. Vous comprendrez mieux. _____

6. Marie et Philippe _____ venir; mais à la dernière minute, ils n'ont pas pu. _____

7. Chaque année j'emprunte de l'argent à la banque; dans quatre ans, je _____ plus de $10,000. _____

8. Excusez-moi d'être en retard, mais je _____ finir un travail urgent. _____

9. Vous _____ lire la recette plus attentivement. Vous n'auriez pas mis huit œufs au lieu de trois. _____

10. En général le docteur Cottard joue au tennis le mardi; hier soir il _____ avoir une urgence qui l'a obligée à rester à l'hôpital._____

B. *Pouvoir et savoir:* Remplacer les tirets par la forme qui convient du verbe *pouvoir* ou *savoir,* selon la logique de la phrase.

1/2. Quand j'étais petite, je _____ parler russe; maintenant je ne _____ même plus me faire comprendre.

3. _____ -vous où se trouve la bibliothèque?

4. _____ -vous me dire où se trouve la bibliothèque?

5. Mon frère _____ très bien nager, mais il en a rarement l'occasion.

6. Avec son bras cassé, Marie ne _____ plus jouer au tennis.

7/8. Cet acteur a une mémoire phénoménale! Il _____ tous les poèmes des <u>Fleurs du mal</u> par cœur et _____ les réciter sans hésitation.

9/10. Je ne _____ pas vous aider; je ne _____ pas la réponse à cette question.

---

un embouteillage: a traffic jam   **emprunter:** to borrow
une amende: a fine   **une urgence:** an emergency

C. *Savoir et connaître:* Remplacer les tirets par la forme qui convient du verbe *savoir* ou *connaître*, selon la logique de la phrase.

1/2. Je _____ bien M. Dupont et je _____ où il habite.

3. Est-ce que vous _____ bien Paris?

4. Bien qu'elle soit spécialiste de la littérature du XIXe siècle, elle _____ bien Shakespeare aussi.

5/6/7. Vous ne devriez pas craindre d'engager Jean-François. Je le _____ bien, depuis longtemps, et je _____ qu'il est intelligent et digne de confiance. D'ailleurs, il _____ les techniques d'informatique les plus récentes.

8/9. Mon ami Charles est bilingue. Il _____ parler couramment l'anglais et le français. Il_____ un peu de hongrois aussi.

10. Paul _____ que sa femme était malheureuse, et se demandait comment la rendre heureuse.

D. *Faire causatif:* Utiliser les fragments de phrases pour faire des phrases complètes avec *faire causatif*, en faisant les changements nécessaires.

1. Hier//la maîtresse//faire//chanter//les chansons//les enfants//pendant une heure.

_____

_____

2. Avant de pouvoir taper mon mémoire//je// devoir//faire//réparer ma machine à écrire.

_____

_____

3. La directrice//faire//écrire//ses rapports//son secrétaire.

_____

_____

4. Jean//faire//faire//ses devoirs//sa fiancée.

_____

_____

5. Pierre n'aime pas Balzac: il//le//faire//penser//à Dickens, qu'il déteste.

_____

_____

l'informatique: computer science
le mémoire: the (academic) paper

E. Compléter les phrases suivantes à l'aide de la forme qui s'impose de l'un des verbes suivants:

devoir   connaître   faire   savoir   pouvoir

1. Michel _____ être malade: il est absent aujourd'hui.

2/3. George _____ jouer du piano, mais il ne _____ le faire que rarement puisqu'il n'en a pas chez lui.

4. Il _____ être très difficile de traverser le Sahara en jeep.

5. Suzanne _____ les meilleurs restaurants d'Avignon.

6. Le professeur _____ corriger toutes leurs fautes de grammaire aux étudiants.

7/8/9/10. Tout le monde _____ le nom de Gérard Depardieu, mais Marie _____ l'acteur personnellement. Elle _____ même où il habite et elle _____ lui téléphoner quand elle veut.

11/12/13/14. Quand on _____ consulter un mécanicien pour _____ réparer sa voiture, il faut être sûr que la personne qu'on choisit _____ bien son métier et _____ ce qu'elle fait.

15. On _____ faire plus de culture physique et manger moins si l'on veut rester en forme.

III. Exercices supplémentaires

A. Traduire les expressions entre parenthèses par la forme qui s'impose des verbes *connaître, savoir, pouvoir, devoir,* ou *faire*.

1. *(Could you)* _____ m'indiquer la place Maubert, s'il vous plaît? Je crois qu'elle *(must not be)* _____ loin d'ici.

2. Tu ne *(know)* _____ pas encore le nouveau patron? Tu *(should ask)* _____ _____ à quelqu'un de te présenter à lui.

3. Je ne *(know)* _____ pas quelle décision prendre; dites-moi ce que je *(ought to)* _____ faire.

4. Quand on a appris que c'était un millionnaire qui voulait acheter le tableau, *(they made him pay for it)* _____ très cher.

5. Pour bien *(know)* _____ la topographie d'une région, *(one should)* _____ _____ la survoler à moyenne altitude.

6. Elle *(might be)* _____ gentille, si elle n'était pas si snob.

7. Que *(could we do)* _____ si nous voulions lutter contre la pollution?

le patron: the boss, the proprietor, owner
survoler: to fly over

8. Les enfants (owe) _____ la vie à leurs parents et leur (owe) _____ le respect aussi.

9. (Do you know) _____ à quelle heure l'Orient Express (is scheduled to leave) _____.

10. Tu (should not have) _____lui prêter de l'argent; il en (owes) _____ à tout le monde.

11. Je (know) _____ que vous (know) _____ ma belle-mère.

12. Ses ennemis politiques (will have him attacked) _____ par les journaux à leur solde.

13. Je (know) _____ jouer de la guitare, mais je ne (can) _____ pas vous accompagner, car je viens de (have myself operated) _____ d'un ongle incarné.

14. À mon avis, (you should stop) _____ arrêter de vous plaindre.

15. Les parents apprennent à leurs enfants qu'ils (should) _____ toujours se laver les mains avant de manger.

IV. Traductions

Traduire en français.

1. I thought I knew the poem by heart; then my teacher made me recite it.

_____

_____

2. She made me understand that I should have said nothing.

_____

_____

3. In France, you are not allowed to own a firearm without a permit, and everyone knows it.

_____

_____

4. What must one do to know what one wants and to be able to think about it calmly?

_____

_____

---

la belle-mère: the mother-in-law
à leur solde: in their pay
un ongle incarné: an ingrown nail
to be allowed: avoir le droit

a firearm: une arme à feu
the permit: le permis
to think about it: y penser (penser à quelque chose)

5. All the rich women of Paris wanted to have themselves photographed by Durand, the fashionable photographer.

_____

_____

_____

6. My friend Charles can't swim, he can't dance, he doesn't know how to dress, he can't see without glasses, but he's so nice that everyone is crazy about him.

_____

_____

_____

7. My grandfather always says that there is a difference between what one should do, what one can do and what one does do.

_____

_____

_____

8. He knows how much he owes his teacher, and he wonders how he is going to be able to prove his gratitude to him.

_____

_____

_____

9. Do you know what you should do? Find someone who understands the situation and who can explain it to you.

_____

_____

_____

10. They didn't know you knew me, but they should have suspected it.

_____

_____

fashionable: à la mode
to dress: s'habiller
crazy about: fou de

gratitude: la reconnaissance
to suspect something: se douter de quelque chose

Nom de l'élève ______________________ *Professeur* ______________________

QUATRIEME LEÇON ✠ PARTIE A

I. Exercices préliminaires

A. *Conjugaison des verbes pronominaux:* Donner la forme pronominale des verbes suivants.

Au présent:

1. je demande: ______________
2. nous écrivons ______________
3. tu amuses: ______________
4. vous plaignez ______________
5. il achète: ______________
6. ils rencontrent ______________

Au futur:

7. je porterai: ______________
8. tu douteras: ______________

Le conditionnel:

9. elle jetterait: ______________
10. nous mettrions: ______________

À l'imparfait:

11. vous rappeliez: ______________
12. elles levaient: ______________

Au passé composé:

13. j'ai regardé: ______________
14. nous avons trouvé: ______________
15. tu as trompé: ______________
16. vous avez retourné: ______________
17. elle a appelé: ______________
18. ils ont coupé: ______________

Au plus-que-parfait:

19. elle avait habillé: ______________
20. vous aviez levé: ______________

Au futur antérieur:

21. j'aurai trompé: ______________
22. tu auras mis: ______________

Au conditionnel antérieur:

23. nous aurions amusé: ______________
24. ils auraient écrit: ______________

À l'infinitif:

25. rencontrer (nous): ______________

B. *Participe passé:* Donner le participe passé des verbes suivants.

1. craindre: _____ 6. mettre: _____

2. croire: _____ 7. écrire: _____

3. construire: _____ 8. rire: _____

4. voir: _____ 9. comprendre: _____

5. descendre: _____ 10. plaire: _____

C. *Accord du participe passé:* Mettre les phrases au passé composé. Justifier l'accord ou le non-accord du participe passé en renvoyant à la référence correspondante dans L'Essentiel de la grammaire française.

Exemple: La lettre que je lis est intéressante.

　　　　La lettre que j'ai lue est intéressante. 14:C:2:a

1. Les enfants descendent jouer dans le jardin.

_____

2. La maison que j'achète est toute neuve.

_____

3. Paul la met dans une enveloppe.

_____

4. Monique la fait réparer.

_____

5. La conférence dont je vous parle était intéressante.

_____

6. Hélène se lève tôt.

_____

7. Ils s'écrivent souvent.

_____

8. Marie monte la colline.

_____

9. Les notes qu'il reçoit mettent son père en colère.

_____

10. J'en écris plusieurs.

_____

Vérifiez vos réponses. Si vous avez fait une faute, révisez la formation du participe passé et/ou les règles qui gouvernent l'accord du participe passé.

---

mettre en colère: to anger

Réponses aux exercices préliminaires

A. 1. je me demande

2. nous nous écrivons

3. tu t'amuses

4. vous vous plaignez

5. il s'achète

6. ils se rencontrent

7. je me porterai

8. tu te douteras

9. elle se jetterait

10. nous nous mettrions

11. vous vous rappeliez

12. elles se levaient

13. je me suis regardé(e)

14. nous nous sommes trouvé(e)s

15. tu t'es trompé(e)

16. vous vous êtes retourné(e)(s)

17. elle s'est appelée

18. ils se sont coupés

19. elle s'était habillée

20. vous vous étiez levé(e)(s)

21. je me serai trompé(e)

22. tu te seras mis(e)

23. nous nous serions amusé(e)s

24. ils se seraient écrit

25. nous rencontrer

B. 1. craint 2. cru 3. construit 4. vu 5. descendu 6. mis 7. écrit 8. ri 9. compris 10. plu

C. 1. Les enfants sont descendus jouer dans le jardin. (14:C:1)

2. La maison que j'ai achetée est toute neuve. (14:C:2:a)

3. Paul l'a mise dans une enveloppe. (14:C:2:a)

4. Monique l'a fait réparer. (14:C:2:c)

5. La conférence dont je vous ai parlé était intéressante. (14:C:3)

6. Hélène s'est levée tôt. (14:C:1:b)

7. Ils se sont écrit souvent.(14:C:1:b)

8. Marie a monté la colline. (14:C:2:b)

9. Les notes qu'il a reçues ont mis/mettent son père en colère. (14:C:2:a)

10. J'en ai écrit plusieurs. (14:C:3)

II. Exercices

A. *Verbes pronominaux:* Remplacer le verbe entre parenthèses par sa forme pronominale ou réciproque au temps qui convient.

1. Quand j'étais soldat, je (demander) _____ souvent comment les officiers faisaient pour (prendre) _____ au sérieux.

2. Si vous (servir) _____ d'un bon dictionnaire, vous ferez moins de fautes d'orthographe.

3. Quand on (moquer) _____ de moi, je ne le pardonne jamais.

se prendre au sérieux: to take oneself seriously
se servir de: to use

4. Le pauvre fou qui (prendre)_____ pour Napoléon est mort.

5. Quand le chef d'orchestre est entré, les musiciens (lever) _____ et le public _____ (mettre) à applaudir; petit à petit le silence (faire)_____ et le concert commença.

6. S'ils savaient ce qui (passer) _____ depuis une heure, ils (inquiéter) _____.

7. Les Français estiment que leur langue doit (parler) _____ à la perfection ou (ne pas parler)_____ du tout.

8. Casanova (croire) _____ l'homme le plus séduisant du monde; dans ses *Mémoires* il (vanter)_____ de ses succès auprès des femmes.

9. Dans six heures le soleil (lever)_____ et nous devrons partir; il faut donc (préparer) _____ pour le départ.

10. (Pouvoir) _____ -il que je me trompe?

11. Vous (ne pas se perdre) _____ si vous aviez consulté la carte.

12. Cela peut (dire) _____, mais pas (écrire)_____ .

13. J'irai chez le coiffeur, et je (faire)_____ couper les cheveux très courts.

14. Si vous m'aviez donné votre adresse en France, nous (rencontrer)_____.

15. Si vous le désiriez, nous (faire)_____ un plaisir de vous aider.

16. Pour qui (prendre) _____-tu ? Tu n'es pas le chef !

17. Ma fille veut (habiller)_____ en dame romaine pour le bal masqué.

B. *Accord du participe passé des verbes pronominaux:* Mettre le verbe entre parenthèses au passé composé. Faire l'accord du participe passé lorsqu'il s'impose.

Le pronom réfléchi complément d'objet direct:

1. Marie (se réveiller)_____ tôt ce matin, (se lever)_____ tout de suite (se baigner)_____ et (se peigner)_____, (se regarder) _____ dans le miroir, et est partie pour son interview.

Le pronom réfléchi complément d'objet indirect:

2. Pendant ses quatre années à l'université, ma sœur et sa meilleure amie (s'écrire) _____ chaque semaine.

3. Suzanne (se laver) _____ les cheveux avant d'aller chez le coiffeur; elle (se les faire) _____ couper très courts.

s'inquiéter: to worry
se prendre pour: to take oneself for

47

4. Augustine (se demander) _____ ce que son mari dirait quand il apprendrait

    qu'elle avait eu un accident de voiture.

5. Ma mère (se rappeler) _____que mon père n'aimait pas le curry.

Verbes pronominaux à sens idiomatique:

6. Tous ses amis (se moquer)_____ du petit Nicolas quand il est tombé.

7. Quand elles ont refusé de signer la pétition, ils (s'en aller) _____ furieux.

8. Elle (se dépêcher) _____, mais ses amies étaient déjà parties.

9. La petite vieille (se souvenir)_____ de sa jeunesse.

10. Peu à peu, Jeanne (s'habituer) _____ à sa nouvelle vie à Paris.

C. *Accord du participe passé des verbes pronominaux:* Mettre le verbe entre parenthèses au passé composé. Faire l'accord du participe passé lorsqu'il s'impose.

1. Elles (se rendre compte)_____ de leur erreur.

2. Jean et sa femme (se regarder) _____ et (se faire)_____ un clin d'œil.

3. Les enfants (se baigner) _____ , (se brosser) _____ les dents,

    et (se coucher) _____ de bonne heure.

4. Pauline (se faire) _____ faire une robe élégante pour la soirée.

5. Mes camarades de lycée et moi (s'écrire) _____ pour prendre rendez-vous; une

    semaine plus tard, nous (se rencontrer) _____ pour la première fois depuis dix ans.

6. Mes filles (s'amuser) _____ au jardin zoologique.

7. Elle (se prépare) _____ parce qu'elle croyait qu'elle serait invitée.

8. Elles (se demandent) _____ pourquoi personne ne les invitait à danser.

9. Elles (se mettent) _____ à applaudir quand notre équipe a gagné.

10. Elles (se font) _____ des sandwichs et (se demander) _____

    _____ où elles allaient faire leur pique-nique.

D. *Le participe passé comme adjectif ou nom:* Donner le nom ou l'adjectif formé par le participe passé du verbe entre parenthèses.

1. La (conduire) _____ de mon (associer)_____ est inexcusable.

2. Le (prétendre) _____ psychiatre n'était en fait qu'un (employer) _____

    _____ subalterne.

3. De l'(entrer) _____ du port, on a une (voir) _____ splendide.

4. Le général (vaincre) _____ avait l'air (surprendre) _____.

se moquer de: to make fun of   la nouvelle: the short story   se mettre à faire quelque chose: to
se rendre compte de: to realize   se passer de: to do without   begin doing something
le clin d'oeil: the wink   une équipe: a team

5. Payer sans exiger un (recevoir) _____ , c'est assez (risquer) _____

6. Les enfants (gâter) _____ sont moins sympathiques que les enfants bien

   (élever) _____ .

7. Le juge a condamné l'(accuser) _____ .

8. Ma plus grande (craindre) _____ est qu'elle ne devine mes (penser) _____ .

9. Le participe (passer) _____ s'emploie souvent dans la langue (écrire) _____ .

10. Malgré les (plaindre) _____ (répéter) _____ des (habituer)

    _____ , le pianiste a été renvoyé par le patron.

E. *L'accord du participe passé:* **Donner le participe passé des verbes entre parenthèses.**

"Jacqueline," me suis-je (dire) _____ , "ma décisison est (prendre) _____ ;

j'ai longtemps (hésiter) _____ , mais je me suis enfin (décider) _____ ."

Après tout, j'ai (faire) _____ ce que j'ai (pouvoir) _____ . Je m'étais

(convaincre) _____ que, puisque j'avais (promettre) _____ , il

fallait tenir la promesse que j'avais (faire) _____ .

Alors, je suis (aller) _____ parler à la fiancée de Philippe. Je l'ai (assurer) _____

qu'il l'aimait, qu'il n'avait pas (vouloir) _____ lui faire de peine, qu'il avait (boire)

_____ un peu trop ce jour-là, que les roses qu'il lui avait (envoyer) _____

prouvaient son repentir. Elle s'est (mettre) _____ à pleurer.

Elle s'est (plaindre) _____ de Philippe qui, disait-elle, l'avait (rendre) _____

ridicule; il lui avait (plaire) _____ parce qu'il avait l'air bien (élever) _____ ,

elle aurait (devoir) _____ se méfier... Bref, il a (falloir) _____ que j'écoute

le récit de ses malheurs. Il aurait mieux (valoir) _____ que je refuse la mission

que Philippe m'avait (confier) _____ . Si j'avais (savoir) _____ ,

je ne me serais pas (mêler) _____ de cette querelle d'amoureux.

III. Exercices supplémentaires

A. **Mettre les phrases suivantes au passé, en remplaçant les formes soulignées par le passé composé.**

1. Bizet <u>se sert</u> _____ d'une nouvelle de Mérimée pour composer <u>Carmen.</u>

2. <u>Nous nous passons</u> _____ très bien de leur compagnie et ils <u>ne se plaignent</u>

   <u>pas</u> _____ de notre absence.

---

gâter: to spoil	**renvoyer:** to fire (an employee)	**se méfier(de):** to beware of
sympathique: likable	**le patron:** the boss, the propietor	**bref:** to make a long story short
deviner: to guess	**convaincre:** to convince	**se mêler de:** to meddle in
malgré: in spite of	**s'assurer:** to make sure	

3. Il m'a semblé qu'ils avaient raison, mais je <u>me trompe</u> _____.

4. Tout le monde <u>se moque</u> _____ de moi quand je <u>me mets</u> _____ à chanter.

5. Je <u>me lève</u> _____, je <u>me lave</u> _____ les mains et la figure, puis je <u>m'habille</u> _____.

6. Je <u>me demande</u> _____ pourquoi on n'avait pas trouvé un vaccin contre le rhume.

7. Hélène <u>se met</u> _____ à rire quand elle a vu le clown.

8. Qu'est-ce qu'ils <u>s'imaginent</u> _____?

9. Ils se <u>rencontrent</u> _____ devant la porte et, avant de partir, <u>s'assurent</u> _____ qu'ils n'oubliaient rien.

10. Elle <u>se rend compte</u> _____ qu'elle avait oublié de fermer la porte à clé.

B. *Verbes pronominaux à sens idiomatique:* **Écrire deux phrases pour chaque verbe donné, suivant l'exemple.**

Exemple: amuser: Marie aime bien jouer avec les enfants et les amuser.

s'amuser: Nous nous sommes bien amusés à la fête.

1. appeler: _____
   _____

2. s'appeler: _____
   _____

3. attendre: _____
   _____

4. s'attendre (à): _____
   _____

5. mettre: _____
   _____

6. se mettre à: _____
   _____

7. passer: _____
   _____

8. se passer de: _____
   _____

9. trouver: _____
   _____

10. se trouver: _____
    _____

la figure: the face

50

C. *L'accord du participe passé:* Mettre le verbe entre parenthèses au passé composé. Faire l'accord du participe passé lorsqu'il s'impose.

1. Ma sœur (se faire)_____ couper les cheveux.

2. Nous (se donner) _____ rendez-vous au café Renaissance.

3. Les clients que je (voir)_____ au restaurant avaient l'air satisfait.

4. C'est à ce moment que la vraie nature de cet hypocrite (se révéler)_____.

5. Elle (se brosser)_____ une dernière fois avant de sortir.

6/7. Ma vieille tante (monter) _____ chercher mes valises, et elle les (descendre) _____ elle-même.

8. Charles ne connaissait pas les musiciens dont ses amis (parler) _____.

9. Lorsque Jacques (voir) _____ le prix des nouveaux ordinateurs, il a décidé de garder le vieux.

10. La documentation que tu (m'envoyer) _____ n'a pas été très utile.

IV. Traductions

Traduire en français.

1. You must beware of him; he has deceived many people.

   _____

2. I understand very well why you didn't want to meddle in their lovers' quarrel.

   _____

   _____

3. Every time I plan to go swimming I catch a cold.

   _____

4. He boasts of being a great biologist, and he doesn't even know how to use a microscope.

   _____

   _____

5. It is a happy family because its members know themselves and respect one another.

   _____

   _____

6. I suspected something the minute I saw him.

   _____

---

to beware: se méfier de	**to plan:** avoir l'intention de	**to boast:** se vanter
to deceive: tromper	**to swim:** nager	**to suspect:** se douter de quelque chose
to meddle: se mêler de	**to catch something:** attraper	
the lover's quarrel: la dispute d'amoureux		

7. Helen wondered what she could do to help her friend Paul. He was always bored in class and he couldn't remember what the teacher had said.

_____

_____

_____

8. The library is located near the train station.

_____

_____

9. We realized we had made a mistake as soon as we looked at the map.

_____

_____

10. Their children are never bored and always get along well together.

_____

_____

to wonder: se demander
to be bored: s'ennuyer
to remember: se rappeler, se souvenir de

to make a mistake: se tromper
to get along: s'entendre

QUATRIEME LEÇON ✠ PARTIE B

I. Exercices préliminaires

A. *Le participe présent:* Donner le participe présent des verbes suivants.

1. donner: _____   6. savoir: _____

2. choisir: _____   7. avoir: _____

3. rendre: _____   8. être: _____

4. écrire: _____   9. manger: _____

5. lire: _____   10. faire: _____

B. *Le passé du participe présent:* Donner le passé du participe présent des verbes suivants.

1. sortir: _____   4. commencer: _____

2. ne pas finir: _____   5. ne pas comprendre: _____

3. tomber: _____

C. *Le participe présent et le gérondif:* **Remplacer les formes soulignées par un participe présent ou un gérondif, suivant le cas.**

Exemples: Je me suis cassé le nez parce que je suis tombé de ma bicyclette.
      Je me suis cassé le nez en tombant de ma bicyclette.

      Je regardais Pierre qui buvait son café.
      Je regardais Pierre buvant son café.

1. La jeune mère, qui ne voulait pas réveiller le bébé, chuchotait au lieu de parler à haute voix.

_____

_____

2. Jean s'est coupé quand il se rasait.

_____

_____

3. J'ai écrasé la bicyclette de ma fille quand je sortais la voiture du garage.

_____

_____

4. L'inspecteur de police, <u>qui fumait sa pipe</u>, avait l'air de s'ennuyer.

_____

_____

5. Elle s'est fait mal au pied <u>parce qu'elle a marché</u> sur un clou.

_____

_____

Réponses au exercices préliminaires

A. 1. donnant   2. choisissant   3. rendant   4. écrivant   5. lisant   6. sachant   7. ayant   8. étant   9. mangeant   10. faisant

B. 1. étant sorti   2. n'ayant pas fini   3. étant tombé   4. ayant commencé   5. n'ayant pas compris

C. 1. La jeune mère, ne voulant pas réveiller le bébé, chuchotait au lieu de parler à haute voix.
2. Jean s'est coupé en se rasant.
3. J'ai écrasé la bicyclette de ma fille en sortant la voiture du garage.
4. L'inspecteur de police, fumant sa pipe, avait l'air de s'ennuyer.
5. Elle s'est fait mal au pied en marchant sur un clou.

II. Exercices

A. *Le passif:* Mettre le verbe entre parenthèses au participe passé, en utilisant la préposition *de* ou *par,* selon le cas.

1. Les plus beaux paysages ont été (peindre) _____ Van Gogh.

2. Le ministre avait été (nommer) _____ le président.

3. Les universités françaises sont (composer) _____ quatre "facultés."

4. La jeune reine courait dans le jardin, (suivre) _____ à grand peine _____ ses vieilles dames de compagnie.

5. La décision sera (prendre) _____ le comité directeur.

6. L'étudiant qui a réussi à voler le képi du gendarme a été (voir) _____ plusieurs passants.

7. Le problème n'aurait pu être (résoudre) _____ que _____ un grand mathématicien.

8. (couvrir) La campagne est _____ neige.

9. (remplir) Ces caisses seront _____ les ouvriers.

10. (remplir) Ces caisses seront _____ marchandises.

---

le clou: the nail
la faculté (de médecine, droit): the school (of medicine, law)
à grand peine: with much effort

la dame de compagnie: the lady-in-waiting
le comité directeur: the board of directors

le képi: the cap
le passant: the passer-by
la caisse: the chest, the packing case
un ouvrier: a worker

B. *Pour éviter le passif:* **Mettre les phrases suivantes à l'actif.**

1. Quand je suis sorti ce matin, mon jardin était couvert de rosée.

_____

2. Le président sera entouré de trois gardes du corps.

_____

3. L'électricité a été découverte par Benjamin Franklin.

_____

4. D'après la presse, l'espion aurait été arrêté près de la frontière.

_____

5. Le portugais est parlé au Brésil.

_____

6. Les œuvres complètes de ce poète ont été traduites en allemand et en anglais.

_____

7. Cet hôtel était recommandé par toutes les agences de voyages.

_____

8. Tous les arbres fruitiers seront taillés par le nouveau jardinier.

_____

9. En France le fromage est servi avant le dessert.

_____

10. D'après la presse, les documents auraient été détruits par le premier ministre.

_____

C. *Le participe présent et le gérondif:* **Donner la forme qui convient du participe présent du verbe entre parenthèses, précédé si besoin par *en* ou par *tout en*.**

1. Il paraît que Victor Hugo a dit (mourir) _____: "C'est ici le combat du jour et de la nuit."

2. (Boire) _____ de l'eau contaminée, il est tombé très malade.

3. Les étudiants défilaient (crier) _____ : "La jeunesse au pouvoir!"

4. (Naître) _____ en 1940, elle n'a pas connu le Paris d'avant-guerre.

5. Ce roman policier, (avoir) _____ une intrigue astucieuse, ne m'a pas beaucoup plu.

6. (Vouloir) _____ avoir l'air d'un intellectuel, il s'est mis à fumer la pipe.

---

la rosée: dew
défiler: to parade, to march
le roman policier: the detective story

une intrigue: a plot
astucieux: clever

Nom de l'élève _____ Professeur _____

7. La jeune femme est sortie sur la pointe des pieds, (craindre) _____ de réveiller son mari.

8. Le témoin a menti plusieurs fois, (jurer) _____ de dire la vérité.

9. Newton a compris le principe de l'attraction universelle (recevoir) _____ une pomme sur la tête.

10. Pendant les guerres de religion, catholiques et protestants s'assassinaient les uns les autres (chanter) _____ des cantiques.

11. (Être) _____ mineur, il n'a pas le droit de voter.

12. (Arriver) _____ à la gare, il s'est précipité vers les guichets.

13. S'il a réussi dans les affaires, c'est (travailler) _____ dur.

14. (Être vacciné) _____ contre la fièvre jaune, il n'avait pas peur de partir sous les tropiques.

15. (Oublier) _____ où il se trouvait, le père de la mariée alluma une cigarette dans l'église.

16. Il s'est présenté aux élections (savoir) _____ qu'il n'avait pas la moindre chance d'être élu.

17. (Ne pas pouvoir) _____ passer l'examen de chimie organique, il a renoncé à l'idée de devenir pharmacien.

18. Les étudiants ont réagi à ma conférence (regarder) _____ tout le temps leur montre et (bâiller)_____.

19. Je l'avais invitée, (penser) _____ qu'elle serait flattée, mais elle m'a ri au nez.

D. Traduire les expressions entre parenthèses.

1. On apprend (*singing and dancing*) _____ aux enfants de l'école maternelle.

2. Il lit (*while waiting for the bus*)_____

_____

3. Préparons-nous à quitter le pays (*while hoping*)_____ qu'on ne nous en chassera pas.

4. Les Puritains ont été obligés d'émigrer (*in order to practice*) _____ _____ leur religion.

---

craindre: to fear	**le guichet:** the ticket window	**réagir:** to react
le témoin: the witness	**les affaires:** business	**rire au nez de quelqu'un:** to laugh
le cantique: the hymn	**se présenter:** to be a candidate	in someone's face
la gare: the train station	**élu:** elected	**une école maternelle:** nursery school
se précipiter: to rush	**le pharmacien:** the pharmacist	

5. *(Before building)* _____ la Statue de la Liberté,
   Bartholdi a préparé plusieurs maquettes.

6. Le bébé *(crawled into the room)* _____

   _____

7. *(Playing poker)* _____

   est ce qu'il préfère.

8. Vous n'arriverez à l'heure qu'*(by taking)* _____ un taxi.

9/10. Le temps *(for hoping)* _____ est passé; c'est à présent le

   moment *(for acting)* _____ .

III. Exercices supplémentaires

A. *Le passif:* Mettre les phrases suivantes à l'actif.

1. La France entière a été surprise pas la défaite du parti socialiste.

   _____

2. Les astronautes ont été accueillis par une foule enthousiaste.

   _____

3. L'hôtesse a été félicitée par ses invités.

   _____

4. Deux toiles de Salvador Dali ont été achetées par un collectionneur américain.

   _____

5. Cette somme m'avait été avancée par la Banque du Commerce.

   _____

6. La gagnante du concours sera accompagnée d'un garde du corps.

   _____

7. La pasteurisation fut inventée par Louis Pasteur.

   _____

8. Les traîneaux des Esquimaux étaient traînés par des chiens.

   _____

9. Cette mathématicienne est respectée de tous ses collègues.

   _____

---

la maquette: scale model   **le concours:** the contest
accueillir: to greet   **le traîneau:** the sled
la foule: the crowd

10. Henri IV était craint des nobles et aimé des paysans.

_____

B. *Le passif:* Traduire en français.

1. You will be given a raise.

_____

2. The child was told a story.

_____

3. Your letter was not answered yesterday.

_____

4. They were promised a reward.

_____

5. I am assured it's very possible.

_____

6. Was she sent a message?

_____

7. We were wished good luck.

_____

8. They will be ordered to stop.

_____

9. I was refused credit.

_____

10. Were you granted what you requested?

_____

IV. Traduction

Traduire en français.

1. My daughter fell off a tree, but fortunately she didn't hurt herself.

_____

_____

2. The guests were served a cocktail.

_____

_____

---

a raise: une augmentation   **to grant:** accorder
to tell a story: raconter une histoire   **to hurt oneself:** se faire mal
good luck: bonne chance   **a cocktail:** un apéritif

3. Having gotten up at 7:30, Jeanne had time to take a shower. Then she combed her hair, put on her make-up, got dressed, and left the house at 8:30.

_____

_____

_____

4. In many countries, cigarettes are not sold to children.

_____

_____

5. The actor was not applauded when he finished his monologue.

_____

_____

6. My sister was surprised that you didn't receive her letter. She sent it over a week ago.

_____

_____

7. By avoiding tobacco and decreasing your alcohol consumption, you will be healthier while growing old.

_____

_____

8. The policeman was told by several passers-by that a woman had been seen taking a bath in the public fountain.

_____

_____

_____

9. If I am questioned, I'll say that we were at the movies together from 8:00 to 10:00.

_____

_____

10. While knowing very well what she meant, I pretended not to understand, not wishing to spend more time with her.

_____

_____

_____

to put on one's make-up: se maquiller

CINQUIEME LEÇON ✠ PARTIE A

I. Exercices préliminaires

A. **L'infinitif passé:** Donner l'infinitif passé des verbes suivants.

1. écrire: _____

2. partir: _____

3. choisir: _____

4. rentrer: _____

5. ne pas faire: _____

B. *La préposition de:* Justifier l'emploi de la préposition *de* en renvoyant à la référence correspondante dans L'Essentiel de la grammaire française.

Exemple: Je suis heureux <u>de</u> faire votre connaissance.   (17.C.1.a)

1. Mon ami a peur <u>de</u> marcher sur les escargots.   (   )

2. Il n'est pas difficile <u>d'</u>apprendre le français.   (   )

3. Elle avait raison <u>de</u> lui demander de partir.   (   )

4. Les parents disent souvent aux enfants qu'il est dangereux <u>de</u> traverser la rue sans regarder.
   (   )

5. Vous feriez mieux <u>d'</u>étudier au lieu d'aller au cinéma.   (   )

C. *La préposition à:* Justifier l'emploi de la préposition *à* en renvoyant à la référence correspondante dans L'Essentiel de la grammaire française.

Exemple: Je vient d'acheter une nouvelle machine <u>à</u> écrire.   (17.C.2.a)

1. Avant de me mettre à écrire, je suis resté longtemps <u>à</u> regarder par la fenêtre.   (   )

2. Parler sans bouger les lèvres n'est pas facile <u>à</u> faire.   (   )

3. Ma fille voulait une chambre <u>à</u> coucher pour elle toute seule.   (   )

4. C'est une situation <u>à</u> faire pleurer.   (   )

5. Sa femme est la seule <u>à</u> pouvoir le comprendre.   (   )

D. *Avant de et après avoir/être + participe passé:* **Faire deux phrases, l'une avec** *avant de,* **l'autre avec** *après avoir/être + participe passé,* **avec les fragments de phrases donnés.**

Exemple: regarder la télévision / faire mes devoirs

        Après avoir regardé la télévision, j'ai fait mes devoirs.

        Avant de regarder la télévision, j'ai fait mes devoirs.

1. consulter son professeur / elle / prendre une décision

   _____

   _____

2. sortir avec son fiancé / elle / se maquiller.

   _____

   _____

3. rendre mon mémoire / je/vérifier l'orthographe.

   _____

   _____

4. prendre un bonbon / la petite fille / demander la permission à sa mère.

   _____

   _____

5. intenter un procès / l'avocat / téléphoner à son client.

   _____

   _____

Vérifiez vos réponses. Si vous avez fait une faute, révisez la formation du participe présent, du passé du participe présent ou de l'infinitif passé.

Réponses au exercices préliminaires

A. 1. avoir écrit 2. être parti 3. avoir choisi 4. être rentré 5. n'avoir pas fait

B. 1. (C.1.a) 2. (C.1.b) 3. (C.1.a) 4. (C.1.b) 5. (C.1.a)

C. 1. (C.2.f) 2. (C.2.c) 3. (C.2.a) . (C.2.b) 5. (C.2.e)

D. 1. Après avoir consulté son professeur, elle a pris une décision.
Avant de prendre une décision, elle a consulté son professeur.
2. Après s'être maquillée, elle est sortie avec son fiancé.
Avant de sortir avec son fiancé, elle s'est maquillée.
3. Avant de rendre mon mémoire, j'ai vérifié l'orthographe.
Après avoir vérifié l'orthographe, j'ai rendu mon mémoire.
4. Avant de prendre un bonbon, la petite fille a demandé la permission à sa mère.
Après avoir demandé la permission à sa mère, la petite fille a pris un bonbon.
5. Avant d'intenter procès, l'avocat a téléphoné à son client.
Après avoir téléphoné à son client, l'avocat a intenté procès.

II. Exercices

A. *À ou de*: Donner la préposition qui s'impose.

1. Nous aurions tort _____ nous décourager: nous n'avons passé que quatorze ans _____ étudier le français et nous devrions être fiers _____ avoir fait de tels progrès.

2. Il est parfois dangereux _____ dire ce que l'on pense.

3. Les gens ennuyeux sont d'habitude les premiers _____ arriver, les derniers _____ partir et les seuls _____ bavarder sans arrêt.

4. J'ai mis deux heures _____ composer cette lettre; j'ai été obligé _____ y passer si longtemps parce qu'une lettre de condoléances n'est pas facile _____ écrire.

5. Je n'ai ni besoin _____ consulter le médecin, ni l'envie _____ prendre des médicaments, et tant pis si je suis le seul _____ avoir envie _____ mourir tranquille.

6. Marthe Richard et Jacques Duclos sont heureux _____ vous faire part de leur mariage.

7. Une expression amusante _____ connaître est: "Il fait un vent _____ décorner les bœufs".

8. Ce théorème est difficile _____ formuler, mais il est indispensable _____ le comprendre avant _____ en chercher les applications.

9. Victor Hugo était immobile _____ contempler la tempête; il passait ainsi des heures _____ attendre l'inspiration.

10. Nous avons été bêtes _____ louer cet appartement: les voisins passent leur temps _____ se chamailler et font un bruit _____ rendre sourd.

11. J'ai décidé _____ donner ma machine _____ laver _____ réparer, car elle commençait _____ faire un bruit bizarre.

12. Tu n'as pas encore fini _____ te plaindre? On vient pourtant _____ augmenter ton salaire.

13. La censure a autorisé l'auteur _____ publier son livre, mais elle a défendu aux journaux _____ en parler.

14. Elles s'amusent _____ imiter l'accent du professeur, sans s'inquiéter _____ savoir s'il peut les entendre.

15. Il ne tardera pas _____ faire nuit; il faut penser _____ trouver un restaurant qui accepte _____ nous servir si tard.

---

bavarder: to talk, to chatter
tant pis: too bad
faire part (d'un mariage, d'une naissance): to announce
décorner: to dehorn
décorner un bœuf: to tear the horns off an ox

le bruit: the noise
la censure: the censorship
défendre quelque chose à quelqu'un: to forbid someone to do something
s'inquiéter: to worry

16. Le patron m'a promis _____ me fournir une machine _____ écrire, ce qui me permettra _____ taper mon courrier moi-même au lieu de le donner _____ taper à la secrétaire.

17. Arrêtons _____ nous chamailler et essayons _____ arriver à un compromis; je tiens _____ faire cesser ces discussions qui nous font perdre tant de temps.

18. Il n'a pas manqué _____ demander _____ voir la Vénus de Milo, mais le gardien lui a dit _____ revenir le lendemain; sans essayer _____ discuter, il est parti visiter Notre-Dame.

19. Il n'est pas difficile _____ parler français.

III. Exercices supplémentaires

A. *À ou de:* **Donner la préposition qui convient si une préposition s'impose.**

1. En 1940, Churchill a encouragé les Anglais _____ résister aux nazis; il leur a demandé _____ reprendre courage et les a exhortés _____ ne pas abandonner la lutte.

2. Il commence _____ faire froid; je vous conseille _____ mettre un pull-over si vous ne voulez pas risquer _____ attraper un rhume.

3. Les architectes d'aujourd'hui semblent persister _____ croire que l'homme désire _____ habiter dans des casernes.

4. Monsieur, savez-vous parler en public? Ce n'est pas difficile _____ apprendre: en deux mois, grâce à la méthode Pécuchet, nous nous chargeons _____ vous transformer en un orateur brillant.

5. Venez donc _____ faire une partie de billard; je vous promets _____ ne pas tricher, j'essayerai _____ vous battre.

6. Il vaut mieux _____ rire que _____ pleurer.

7. En allant _____ rendre les livres à la bibliothèque, j'ai failli _____ les laisser _____ tomber dans une flaque d'eau.

8. Les prix peuvent _____ baisser: le gouvernement doit apprendre _____ les contrôler sans avoir _____ freiner l'expansion économique.

9. L'amiral venait _____ ordonner à la flotte _____ attaquer; il ne s'attendait pas _____ rencontrer de résistance, mais il a bientôt été forcé _____ demander des renforts.

---

taper: to type
la lutte: the struggle
la caserne: the army barracks
la partie: the game
tricher: to cheat

la flaque: the puddle
baisser: to lower, decline
freiner: to restrain, slow
la flotte: the fleet

B. Traduire les expressions entre parenthèses.

1. *(After having conquered Indochina)* _____, la France lui a imposé un régime colonial.

2. Quand *(will we be able to cure)* _____ le cancer? *(That's hard to say)* _____.

3. Connaissiez-vous la sonate que *(we have just heard)* _____?

4. L'astronaute est parti pour la lune *(without saying good-bye)* _____ _____ à sa femme.

5. Prière de frapper *(before coming in)* _____.

6. Quand mes enfants *(start squabbling)* _____, ils font un bruit *(enough to drive one insane)* _____.

7. *(I feel like spending)* _____ quelques jours à la campagne.

8. Il est dangereux *(to repair)* _____ soi-même un poste de télévision.

9. Le champion des poids lourds n'a pas l'intention *(to defend)* _____ son titre avant le printemps.

10. Donne-moi un coup de main *(instead of remaining there looking at me)* _____ _____ travailler.

11. Il faudra des milliards de dollars *(to solve)* _____ les problèmes urbains.

12. *(After having read)* _____ son courrier, elle a fait entrer sa secrétaire.

13. Ne décidez rien *(before having consulted)* _____ votre psychiatre.

14. Pour un Occidental, le japonais est une langue *(easy to speak, difficult to understand and impossible to write)* _____.

15. Ce château est *(for sale)* _____; il a une énorme *(dining room)* _____, huit *(bedrooms)* _____ et trois *(bathrooms)* _____.

16. Marie Curie a reçu le prix Nobel *(after having discovered)* _____ _____ le radium.

17. Dans certains pays, l'analphabétisme augmente *(instead of decreasing)* _____ _____.

18. *(Without realizing)* _____ ce qu'il disait, il a tout avoué.

---

to cure: guérir
le poste de télévision: the television set
le poids lourds: the heavyweight
donner un coup de main: to lend a hand, help

le courrier: the mail
l'analphabétisme: illiteracy
avouer: to confess

IV. Traductions

Traduire en français.

1. He intends to write his autobiography and he plans to include many details from his childhood.

   _____

   _____

2. Instead of imitating, Picasso invented; while waiting for his genius to be recognized, he lived in a slum.

   _____

   _____

3. You were wrong to tell him that the work would be easy to do.

   _____

   _____

4. When I saw Rembrandt's painting <u>Lesson in Anatomy</u> for the first time, I remained standing for an hour looking at it.

   _____

   _____

5. Poker is an easy game to learn, but it is difficult to play well.

   _____

   _____

6. After having decided to buy a typewriter and before choosing one, he spent two hours in the store; he couldn't make up his mind.

   _____

   _____

7. After having spent two years trying to understand organic chemistry, I decided not to become a doctor.

   _____

   _____

---

to avoid: éviter
to decrease: diminuer, décroître
the consumption: la consommation
to grow old: vieillir

the painting: le tableau
the slum: le taudis
to make up one's mind: se décider
chemistry: la chimie

8. Before leaving the house, don't forget to turn out the lights and take your keys.

   _____

   _____

9. In order to finish the project on time, she will need to spend the whole weekend working on it.

   _____

   _____

CINQUIEME LEÇON ✠ PARTIE B

I. Exercices préliminaires

A. *Vocabulaire météorologique:* **Donner le verbe impersonnel qui correspond aux mots suivants.**

Exemple: la grêle: il grêle

la sécheresse: il fait sec

1. la pluie: _____
2. la chaleur _____
3. la neige: _____
4. le vent: _____
5. le tonnerre: _____

6. le froid: _____
7. la fraîcheur: _____
8. le brouillard: _____
9. le soleil: _____
10. l'humidité: _____

B. *Falloir:* **Mettre l'expression *il faut* au temps indiqué.**

1. futur: _____
2. passé composé: _____
3. futur proche: _____

4. conditionnel présent: _____
5. imparfait: _____

C. *Discours indirect:* **Mettre les phrases suivantes en discours indirect.**

Exemple: Paul dit: "Je vais au supermarché."

Paul dit qu'il va au supermarché.

1. Je déclare: "Il travaille aujourd'hui."

_____

2. Marie dit à son mari: "Viens me chercher à 5 heures."

_____

3. Suzanne déclare: "J'ai déjà fini mon travail."

_____

4. Philippe dit: "Je voudrais aller au musée."

_____

5. Jeanne dit: "J'irai au gymnase avec vous."

_____

Vérifiez vos réponses. Si vous avez fait une faute, révisez les expressions impersonnelles, la conjugaison du verbe falloir, ou la formation du discours indirect, selon le cas.

Réponses aux exercices préliminaires

A. 1. il pleut 2. il fait chaud 3. il neige 4. il fait du vent 5. il tonne 6. il fait froid
7. il fait frais 8. il fait du brouillard 9. il fait du soleil 10. il fait humide

B. 1. il faudra 2. il a fallu 3. il va falloir 4. il faudrait 5. il fallait

C. 1. Je déclare qu'il travaille aujourd'hui.
2. Marie dit à son mari de venir la chercher à 5 heures.
3. Suzanne déclare qu'elle a déjà fini son travail.
4. Philippe dit qu'il voudrait aller au musée.
5. Jeanne dit qu'elle ira au gymnace avec vous

II. Exercices

A. *Expressions impersonnelles:* **Traduire les expressions entre parenthèses par un verbe impersonnel à la forme qui convient.**

1. Combien de temps *(is it)* _____ qu'elle attend une réponse du bureau de placement?

2. *(It can happen)* _____ qu'un avion s'écrase, mais c'est vraiment très rare.

3. *(What's going on?)* _____? Êtes-vous tous devenus fous?

4. Quand je les ai vu bâiller, j'ai compris *(it was time to)* _____ _____ changer de sujet.

5. Dans ce roman américain *(it is about)* _____ un soldat qui déserte par amour.

6. Combien d'argent *(was there)* _____ dans votre portefeuille?

7. *(Will there be)* _____ beaucoup de célibataires chez vous vendredi soir?

8. De temps en temps *(it happens)* _____ qu'on me donne des billets de théâtre.

9. *(Isn't it)* _____ encore l'heure de se coucher?
Il y a vingt minutes que tu te brosses les dents!

10. Comme mon fils adore le "rock", *(it goes without saying)* _____ _____ qu'il va à tous les concerts possibles.

---

le **bureau de placement:** the employment office
s'écraser: to crash (of a plane)
bâiller: to yawn

le **portefeuille:** the wallet
le/la **célibataire:** the unmarried man or woman, bachelor

11. (*What's the matter?*) _____? Pourquoi pleures-tu?

12. Pour prendre une décision (*the problem is*) _____ savoir ce que pense l'adversaire.

13. L'avocat a décidé qu' (*it was not fitting*) _____ de signer ce contrat.

14. Vous voulez me voir? (*What is it about?*) _____?

15. (*Once upon a time there was*) _____ un roi qui avait une fille très belle.

B. *Expressions impersonnelles:* **Compléter les phrases à l'aide de l'une des expressions suivantes. Mettre le verbe au temps qui convient.**

il convient	pleuvoir	il faut	il s'agit	il va de soi
il y a	il est temps	il arrive	il fait chaud	il était une fois

1. _____ une petite fille qui portait toujours un chaperon rouge et qu'on appelait donc Le Petit Chaperon rouge.

2. _____ que nous arrivions. Notre avion allait décoller.

3. Nous devons annuler notre pique-nique parce qu'il _____.

4. _____ de porter une cravate dans un restaurant chic.

5. Combien de personnes _____ à dîner chez les Bloncourt?

6. _____ que si l'on veut avoir de bonnes notes _____ étudier.

7. J'ai laissé mon manteau dans la voiture parce qu' _____.

8. De quoi _____ dans ce roman de Balzac?

9. En général ma mère est très ponctuelle, mais _____ qu'elle soit en retard.

C. *Falloir et devoir:* **Récrire les phrases suivantes en remplaçant le verbe *devoir* par le verbe *falloir,* et vice-versa.**

1. On ne doit pas manger d'ail avant d'aller au théâtre.

   _____

2. Si j'avais dû traduire, je l'aurais fait.

   _____

   _____

---

le chaperon: the hood   annuler: to cancel
décoller: to take off   l'ail (m.): garlic

3. Un proverbe français affirme qu'il faut souffrir pour être beau.

   _____

   _____

4. Faut-il déjà que vous me quittiez?

   _____

5. J'ai dû leur expliquer quoi faire.

   _____

   _____

6. Tu ne devras pas y penser.

   _____

7. Tu ne dois pas mettre de sucre sur le caviar.

   _____

8. Ne faudrait-il pas que nous nous mettions d'accord?

   _____

9. Quand devrez-vous annoncer vos fiançailles à vos parents?

   _____

   _____

10. Il faudrait que tu saches ce que tu veux.

    _____

    _____

11. Si vous n'avez pas les nerfs solides, vous ne devez pas conduire sur les autoroutes françaises.

    _____

    _____

12. Il fallait être riche pour être respecté.

    _____

13. On devrait interdire de sortir les chiens sans laisse.

    _____

    _____

14. Pour se décider, ils ont dû faire un effort.

    _____

    _____

15. Il aurait fallu que tu consultes un agent de voyage avant de partir pour l'Afrique.

    _____

    _____

---

mettre d'accord: to come to an agreement or an understanding
les fiançailles (f. pl.): the engagement
une autoroute: a turnpike, freeway
interdire: to forbid
la laisse: the leashse
décider: to make up one's mind

D. *Discours indirect:* **Mettre les phrases suivantes en discours indirect. Changer les pronoms selon la logique de la phrase et faire tous les autres changements nécessaires.**

Exemple: Michel a répondu: "Je suis en train de faire mes devoirs."

Michel a répondu qu'il était en train de faire ses devoirs.

1. Jeanne a dit: "J'irai au cirque si j'ai le temps."

_____

_____

2. Le philosophe a dit à son disciple: "Venez me voir si vous ne comprenez pas."

_____

_____

3. Le petit garçon a répondu à sa mère: "J'ai déjà rangé mes jouets."

_____

_____

4. Notre collègue a dit: "J'aurai fini le rapport quand vous reviendrez."

_____

_____

5. La jeune fille a promis à son père: "Je rentrerai avant minuit."

_____

_____

6. Mon père dira: "Vous auriez dû téléphoner dès que vous avez su que vous seriez en retard."

_____

_____

7. Il ajoutera: "J'étais très inquiet."

_____

8. Mon grand-père disait toujours: "Ceux qui s'assemblent se ressemblent."

_____

_____

9. Le cuisinier avait dit à son assistant: "Ne mettez pas le jaune de l'œuf dans le gâteau."

_____

_____

10. Je t'ai dit: "Il viendra. Ne t'inquiète pas!"

_____

_____

ranger: to put away

III. Exercices supplémentaires

A. *Expressions impersonnelles:* Compléter les phrases à l'aide de l'expression impersonnelle appropriée, à la forme qui convient.

arriver	il n'y a pas	aller de soi	ne pas falloir	ne pas être possible
faire beau	ne pas convenir	il est temps	qu'est-ce qu'il y a	pleuvoir

Ce matin-là il _____un seul nuage. Ma sœur nous a dit qu'

_____ de partir et qu' _____ être en retard -Tous nos cousins

d'Europe seront au pique-nique. _____ de faire attendre tout le monde.

-Je n'ai pas tellement envie d'y aller lui ai-je dit. -Mais pourquoi? _____?

Tu te sens mal? -Je ne sais pas. Parfois _____ que je sois intimidé par

les gens que je ne connais pas bien. -Oui, mais _____ que tu ne

viennes pas. Hereusement il a commencé à _____. Que j'étais content!

Plus question de pique-nique!

B. *Discours indirect:* Mettre le dialogue suivant en discours indirect.

Femme: Chéri, tu sais, nous venons de recevoir le faire-part de mariage de ton patron.

Mari: Ça ne m'étonne pas. J'ai entendu dire qu'il allait épouser Madame Vacher.

Femme: Elle travaille dans une autre section, n'est-ce-pas?

Mari: Oui. Ils se connaissent depuis longtemps. Mais, tu te rends compte, c'est leur troisième mariage à tous les deux.

Femme: Vraiment? J'espère que ce mariage va durer plus longtemps que les autres!

La femme a dit à son mari que_____

_____

Le mari a répondu que _____

_____

La femme a demandé si _____

_____

Le mari a répondu que oui et a ajouté que _____

_____

La femme a dit que _____

_____

IV. Traductions

Traduire en français.

1. What does this report deal with? It seems to me that I have already read it.

   _____

   _____

2. What would happen if it were impossible for them to reach an agreement?

   _____

3. It is not opportune for you to leave the country now; on the contrary, the question is to remain as long as possible.

   _____

4. One must always tell the truth, but I must say that it is sometimes difficult.

   _____

5. Most of Georges Simenon's books deal with crimes.

   _____

6. You say it is easy to learn Russian; that's possible, but one mustn't forget that you were born in Saint Petersburg.

   _____

7. He told me that he had already completed the project and that he would give the report to the secretary the next morning.

   _____

8. The problem is not only to know what to do, the problem is to know why one does it.

   _____

9. It will soon be a year since she was hired; it's time for her to ask for a raise.

   _____

10. It happens that children disobey their parents from time to time; one must understand that that is normal.

    _____

---

to hire: embaucher, engager
to disobey: désobéir
a raise: une augmentation

on the contrary: au contraire
the next morning: le lendemain matin

SIXIEME LEÇON ✠ PARTIE A

I. Exercices préliminaires

A. *Formation du présent du subjonctif des verbes réguliers:* Mettre les verbes suivants au présent du subjonctif.

1. je finis: que je _finisse_
2. tu attends: que tu _attends_
3. il regarde: qu'il _regarde_
4. nous choisissons: que nous _choisissions_
5. vous rendez: que vous _rendiez_
6. elles commencent: qu'elles _commence_
7. le rosier fleurit: que le rosier _fleurisse_ *Let the rose bloom*
8. tu vends ta bicyclette: que tu _vendes_ ta bicyclette.
9. vous portez des valises: que vous _portiez_ des valises.
10. nous trouvons nos clés: que nous _trouvions_ nos clés.

B. *Formation du présent du subjonctif des verbes irréguliers:* Mettre les verbes suivants au présent du subjonctif.

1. je fais: que je _fasse_
2. tu es: que tu _sois_
3. il va: qu'il _aille_
4. nous pouvons: que nous _puissions_
5. vous avez: que vous _ayez_ *a-yeah*
6. ils veulent: qu'ils _veuillent_
7. je sais: que je _sache_
8. tu tiens: que tu _tiennes_
9. il vaut: qu'il _vaille_
10. tu dois: que tu _doives_

Vérifiez vos réponses. Si vous avez fait une faute, révisez la formation du présent du subjonctif.

74

Réponses aux exercices préliminaires

A. 1. que je finisse 2. que tu attendes 3. qu'il regarde 4. que nous choisissions
   5. que vous rendiez   6. qu'elles commencent   7. que le rosier fleurisse
   8. que tu vendes ta bicyclette   9. que vous portiez des valises 10. que nous trouvions nos clés .

B. 1. que je fasse 2. que tu sois 3. qu'il aille 4. que nous puissions 5. que vous ayez
   6. qu'ils veuillent   7. que je sache 8. que tu tiennes 9.qu'il vaille 10. que tu doives

II. Exercices

A. *Le subjonctif:* Donner la forme appropriée du verbe entre parenthèses. Souligner l'expression impersonnelle ou le verbe qui régit l'emploi du subjonctif.

1. Il vaut mieux que vous (faire) ____*fassiez*____ attention, car il semble qu'il y (avoir) ____*ait*____ du danger.

2. Il faut que j' (aller) ____*aille*____ m'acheter un guide de Paris.

3. Les Romains voulaient que le monde entier les (craindre)____*craigne*____ .

4. Il est inadmissible que nous (devoir) ____*doivions*____ obéir à cet incapable.

5. Le patron est furieux que ses employés (vouloir) ____*veuillent*____ être mieux payés.

6. Je ne pense pas qu'il (valoir)____*vaille*____ la peine de protester.

7. Personne ne pense qu'on (pouvoir)____*puisse*____ faire confiance au gouvernement.

8. As-tu peur qu'elle ne (se sentir)____*elle sentisse*____pas bien?

9. Je regrette que vous n' (avoir) ____*ayez*____ pas le temps d'aller à la plage avec nous.

10. Elle ne veut pas que je (faire)____*fasse*____ la connaissance de ses parents; je crains qu'elle n'(avoir) ____*ait*____ honte de moi.

11. Il est temps qu'elle (comprendre) _____ que je ne suis pas aveugle.

12. Je souhaite que tu (faire) _____ un beau voyage, que tu nous (écrire) _____souvent, que tu (pouvoir)_____ rencontrer des gens sympathiques et que tu ne _____ (revenir) pas déçu.

13. Je vous assure qu'il est impossible que vous (être)_____ forcé de partir.

14. Il est surprenant que personne n'(avoir) _____ pensé à moi pour la présidence.

15. Nous tenons à ce que vous (écrire)_____ un article, et à ce que vous (dire)_____ à vos lecteurs qu'il est scandaleux que l'on (pouvoir) _____ mettre un homme en prison sans l'avoir jugé.

---

valoir la peine: to be worth the trouble
faire confiance à quelqu'un: to rely on someone, to trust

la plage: the beach, the shore
aveugle: blind
sympathique: likable
déçu: disappointed

tenir à: to insist, to have at heart
le lecteur: the reader

16. Pourquoi voulez-vous que je (lire)_____ , que j' (écrire) _____ ou même que je (comprendre) _____ une langue qui n'est pas la mienne?

B. *Le subjonctif et l'infinitif:* **Remplacer les verbes à l'indicatif entre parenthèses par le subjonctif ou l'infinitif, selon le cas. Ajouter *de* lorsque c'est nécessaire.**

1. Il est temps (que vous rentrez) _____ chez vous.

2. Je crains (que vous avez) _____ tort de ne pas prendre la situation au sérieux.

3. Nous somme désolés (que vous ne pouvez pas)_____ accepter la présidence de notre association.

4. Êtes-vous étonnée (que vous avez gagné) _____ tant d'argent à la bourse?

5. Il est impossible (que ce garçon est) _____ millionnaire; il n'est même pas probable (qu'il est) _____ très riche.

6. Je suis désolée (que je ne peux pas) _____ accepter la présidence de notre association.

7. Croit-elle que cette robe ridicule (lui va) _____?

8. L'explorateur compte (qu'il reviendra) _____ sain et sauf.

9. Elle ne veut pas (que nous disons) _____ du mal de sa meilleure amie.

10. Il s'oppose à ce que (nous sortons) _____ ensemble.

11. Il faut (que l'on souffre) _____ pour (que l'on est) _____ beau.

12. Je tiens à ce que ma voiture (est) _____ plus grande que celle du voisin.

13. Je ne crois pas (qu'il vous fait) _____ confiance; il faut (que vous le convain- quez)_____.

14. Il est improbable (que Dufourneau recevra)_____ le prix Nobel.

15. Je suis enchantée (que vous me trouvez)_____ intelligente.

16. Au tribunal, on m'a ordonné (que je jure que je dirais) _____ la vérité, toute la vérité et rien que la vérité.

17. Il est possible (que ces jeunes gens sont) _____ doués pour le commerce; il n'est même pas certain (qu'ils sont) _____ particulièrement travailleurs.

18. Dufourneau est à peu près sûr (qu'il recevra) _____ le prix Nobel.

19. On ne pense pas (que tu es) _____ méchant, mais il arrive parfois (que tu agis) _____ sans réfléchir.

20. Il n'est pas évident (que vous étudiez) _____ .

---

la bourse: the stock exchange, the stock market
compter: to expect
doué: gifted

travailleur: hard-working
peu près: nearly, almost
méchant: bad, unkind, mean

III. Exercices supplémentaires

A. *Le subjonctif, l'indicatif et l'infinitif:* Donner la forme appropriée du verbe entre parenthèses.

1. Il est possible qu'il (savoir) _____ le grec; en tout cas, il est probable qu'il (savoir) _____ le latin.

2. Nous sommes sûrs que vous (avoir) _____ raison.

3. J'espère que tu (être) _____ prudent; j'aimerais que tu (revenir) _____ sain et sauf.

4. Il faut que vous (savoir) _____ défendre vos intérêts.

5. Il vaut mieux que vous n' (insister) _____ pas.

6. Certaines personnes pensent qu'il leur (falloir) _____ (bòire) _____ pour (s'amuser) _____ .

7. Personne ne pense qu'un passage de Proust (se traduire) _____ toujours facilement.

8. Il y a ceux qui croient qu'une dictature (être) _____ la meilleure forme de gouvernement.

9. Elle seule s'oppose à ce que les membres du cercle français (aller) _____ voir ce film de Godard.

10. Pensez-vous qu'il (valoir) _____ la peine de réparer cette vieille voiture?

11. À l'avenir, je te (tenir) _____ au courant de tout ce qui (se passer) _____ chez eux.

12. Nous sommes contents que vous (pouvoir) _____ venir.

13. Il est certain que nous (finir) _____ le rapport à temps.

14. Il a dit que sa femme (venir) _____.

15. Notre professeur suggère que nous (aller) _____ voir le nouveau film de Gérard Depardieu.

B. *Le subjonctif, l'infinitif et l'indicatif:* Combiner les deux fragments de phrases pour faire une phrase complète. Ajouter *que, à ce que,* ou *de,* selon le cas.

1. L'instituteur s'attend // L'élève fait une faute

_____

2. Il n'est pas sûr // Marie peut venir.

_____

3. Je veux // Je fais des courses.

_____

4. Suzanne est contente // Elle a l'occasion de faire la connaissance de cette actrice.

_____

_____

5. Je crains // Mon fils reçoit de mauvaises notes.

_____

IV. Traductions

Traduire en français.

1. I don't think we can trust this lawyer; I really doubt that he knows what he is doing.

_____

_____

2. The economists fear that the stock market will fall.

_____

_____

3. I'm afraid I don't understand what it's about.

_____

_____

4. All of France expected the Socialists to win.

_____

_____

5. My parents insist that I finish my studies: they want me to go to the university.

_____

_____

6. It would be preferable that you be less gifted and more hard-working.

_____

_____

7. I want you to be home before midnight, and I want you to know that it's for your own good.

_____

_____

8. Isn't it surprising that so many readers want to buy detective stories? I think they are boring.

_____

_____

a lawyer: un avocat   **own:** propre   **boring:** ennuyeux
midnight: minuit   **the detective story:** le roman policier

78

9. Do you allow your children to dress as they please?

_____

_____

10. The Minister of the Interior forbade the press to discuss the President's private life.

_____

_____

to dress: s'habiller
private: privé

SIXIEME LEÇON ✠ PARTIE B

I. Exercices préliminaires

A. *Formation du passé du subjonctif:* Mettre les verbes suivants au passé du subjonctif.

1. que j'aie: _que j'aie eu_
2. que tu sois: _que tu aies été_
3. qu'elle se rende compte: _qu'elle se soit rendé compte_
4. que nous sortions: _que nous soyons sortis_
5. que vous vous demandiez: _que vous vous ~~ayez~~ soyez demandés_
6. qu'ils fassent: _qu'ils aient fait_
7. qu'elle se lave: _qu'elle se soit lavée_
8. qu'ils se regardent: _qu'ils se soient regardé_
9. qu'elle aille: _qu'elle soit allée_
10. que vous vous taisiez: _que vous vous soyez tus_

B. *Le passé du subjonctif:* Mettre les verbes entre parenthèses au passé du subjonctif.

1. Je suis contente que vous (pouvoir) _ayez pu_ venir au match de foot-ball.
2. Êtes-vous surpris qu'elle (gagner) _ait gagné_ tant d'argent à la bourse l'année dernière?
3. Il est possible qu'il (déjà finir) _déjà ait fini_ le roman.
4. Êtes-vous sûr qu'elle (aller) _soit allée_ chez le dentiste?
5. Les Charpentier s'étonnaient qu'Elise (ne pas venir) _ne soit pas venu_ les voir.

C. *Le subjonctif* ou *l'infinitif:* Faire une phrase complète avec les fragments de phrase donnés en choisissant entre les expressions entre parenthèses.

Exemple: (sans//sans que) Hélène est sortie//ses parents ne le savaient pas.
      Hélène est sortie sans que ses parents le sachent.

1. (afin de/afin que) Paul est parti en avance // Paul n'est pas arrivé en retard.

_____

_____

2. (à moins de // à moins que) Vous me téléphonez // J'arriverai à l'heure prévue

_____

_____

3. (avant de // avant que) Ses invités sont arrivés // Virginie a pu faire le ménage

_____

_____

4. (pour // pour que) Suzanne étudie beaucoup // Suzanne a de bonnes notes.

_____

_____

5. (de peur de // de peur que) La mère a dit à son mari de parler bas // (il) réveille le bébé.

_____

_____

Vérifiez vos réponses. Si vous avez fait une faute, révisez la formation du passé du subjonctif ou l'emploi du subjonctif après certaines conjonctions.

Réponses aux exercices préliminaires

A. 1. que j'aie eu 2. que tu aies été 3. qu'elle se soit rendu compte 4. que nous soyons sortis 5. que vous vous soyez demandé 6. qu'ils aient fait 7. qu'elle se soit lavée 8. qu'ils se soient regardés 9. qu'elle soit allée 10. que vous vous soyez tus

B. 1. Je suis contente que vous ayez pu venir au match de foot-ball.
2. Êtes-vous surpris qu'elle ait gagné tant d'argent à la bourse l'année dernière?
3. Il est possible qu'il ait déjà fini le roman.
4. Êtes-vous sûr qu'elle soit allée chez le dentiste?
5. Les Charpentier s'étonnaient qu'Elise ne soit pas venue les voir.

C. 1. Paul est parti en avance afin de ne pas arriver en retard.
2. À moins que vous ne me téléphoniez, j'arriverai à l'heure prévue.
3. Ses invités sont arrivés avant que Virginie ait pu faire le ménage.
4. Suzanne étudie beaucoup pour avoir de bonnes notes.
5. La mère a dit à son mari de parler bas de peur de réveiller le bébé.

II. Exercices

A. *Le subjonctif après certaines conjonctions:* Mettre les verbes entre parenthèses au temps du subjonctif qui convient. Souligner l'expression qui régit l'emploi du subjonctif.

1. Autant que je (savoir)_____ , il est peu probable que l'équipe de France (faire)_____ une tournée en Amérique du Sud.

2. On lui a volé son portefeuille sans qu'il (s'en rendre compte) _____.

3. La mère a donné le biberon au bébé avant qu'il (se mettre)_____ à crier.

4. Avant que tu (dire)_____ oui, il serait bon que tu (savoir) _____ à quoi tu t'exposes.

5. Quoique nous (ne pas tenir) _____ à vous vexer, il faut bien que nous vous (dire) _____ les choses comme elles sont.

6. Rentre vite, avant qu'elle (se douter) _____ que tu es sorti.

7. Il a insisté pour que je (prendre) _____ le volant.

8. Il a emporté la bouteille, de peur que ses amis (boire) _____ trop de vin.

9. Se peut-il que vous (ne pas pouvoir) _____ faire attention cinq minutes?

10. Pourvu que vous (savoir) _____ ce que vous faites, c'est tout ce que je demande.

11. Bien qu'ils ne nous (plaire) _____ guère et que nous (ne pas tenir)_____ à les revoir, soyons aimables avec les Moreau.

12. Je vais jeter cette chemise, à moins qu'elle (te plaire)_____ encore.

13. Mon fils s'endormira vite, pourvu que tu lui (lire) _____ Blanche-Neige et les sept nains.

14. Il faudrait qu'elle (vouloir) _____ bien écouter pour qu'il (valoir) _____ la peine de lui donner des conseils.

15. Tes parents ont fait toutes sortes de sacrifices pour que tu (pouvoir) _____ finir tes études.

B. *Le présent et le passé du subjonctif:* Mettre le verbe entre parenthèses au présent ou au passé du subjonctif, selon le cas.

1. Avant que mes collègues (se réunir) _____, j'avais établi l'ordre du jour.

2. Quoique son patron lui (téléphoner)_____, George a refusé de revenir au bureau.

---

un équipe: a team	**le volant:** the steering wheel
la tournée: the tour	**emporter:** to take away
se rendre compte de: to realize	**le nain:** the dwarf
le biberon: the baby bottle	**un ordre du jour:** an agenda

3. Je suis ravie que vous (pouvoir) _____ venir hier soir.

4. Bien qu'il (faire) _____ beau, Marie ne voulait pas sortir se promener.

5. Pourvu que vous (rendre) _____ votre dissertation à temps, je la corrigerai.

6. Elle a pris l'avion samedi, quoiqu'elle (tomber) _____ malade la veille.

7. Ma mère a promis de prendre les enfants à quatre heures, pourvu qu'ils (finir) _____ leurs devoirs.

8. Non que je (ne pas trouver) _____ bon le concert, mais j'aurais préféré l'écouter à la radio.

9. De peur que vous (se perdre) _____, ma femme vous indiquera la route.

10. Avant que Paul (partir) _____ , son père lui a donné de l'argent.

C. Traduire les expressions entre parenthèses.

1. *(Unless you make a written request)* _____ vous ne recevrez pas de réponse.

2. *(Unless he drives better)* _____ ne le laisse pas toucher au volant.

3. Je ne veux pas l'attaquer *(without his being able to defend himself)* _____

_____.

4. *(Before he died)* _____, Napoléon a dicté ses <u>Mémoires.</u>

5. Mon ami accepte de faire la cuisine *(provided I don't complain)* _____

_____ des résultats.

6. Nous ferons un feu *(in order not to be cold)* _____, *(although there is)* _____ toujours le danger d'un incendie.

7. Espérons *(that nothing happened)* _____ mais il est possible que des difficultés *(presented themselves)* _____ sans que *(we know it)* _____.

8. La plupart des parents d'aujourd'hui mettent de l'argent de côté *(so that their children will be able to go)* _____ à l'université.

9. *(For fear of hurting her feelings)* _____ je ne lui ai pas dit qu'elle avait mauvaise mine.

10. *(For fear of hurting her feelings)* _____ je ne lui ai pas fait remarquer qu'elle disait des bêtises.

---

la veille: the preceding day
the request: la demande
to drive: conduire
un incendie: a fire
to hurt someone's feelings: faire de la peine à quelqu'un
  (in the sense of making them sad)

vexer quelqu'un (in the sense of offending them)
avoir mauvaise mine: not to look well, to look tired,
  sick, etc.
faire remarquer: to point out
dire des bêtises: to talk nonsense

11. Les Français avaient construit la ligne Maginot *(in order to protect)* _____
    _____ la frontière nord du pays.

12. *(Although very old)* _____, il refusait de prendre sa retraite.

13. Je mets de l'argent de côté *(so I'll be able to go)* _____ en Afrique.

14. Personne n'aime les maladies *(unless he is)* _____ hypocondriaque.

15. J'avais pris contact avec nos adversaires *(before you entrusted me with)* _____
    _____ cette mission.

16. *(As far as I know)* _____ on parlait français en Bourgogne
    (before this province was occupied) _____
    par le roi de France.

III. Exercices supplémentaires

A. Mettre le verbe entre parenthèses au mode et au temps qui conviennent, en faisant les changements qui s'imposent.

1. Je doute qu'il (lire) _____ le journal aujourd'hui. S'il l'avait lu, il (être) _____
   au courant de la situation.

2. Sa mère voulait que George (devenir) _____ banquier.

3. Pensez-vous que ce que ce film décrit (pouvoir) _____ avoir réellement lieu?

4. Pour réussir, il aurait fallu que Paul (dire) _____ du mal de son rival.

5. J'espère que vous (finir) _____ votre travail avant que je (arriver) _____ .

6. Phillipe veut (savoir) _____ ce qu'il faut (faire) _____ pour vous
   (plaire) _____ .

7. Il est peu probable qu'il (revenir) _____ du Brésil.

8. Il est difficile d'(analyser) _____ cette situation parce que les éléments en (être)
   _____ encore obscurs.

9. Il est possible qu'il (venir) _____ me chercher, mais je n'étais pas là.

10. Paul a téléphoné à sa femme avant qu'elle (partir) _____ .

11. Après que je l'(appeler) _____ , Marie est venue me chercher.

12. Bien que sa mère le lui (défendre) _____ le petit garçon a touché le
    four et (se brûler) _____ la main.

13. Il faut que tu (écrire) _____ à l'Hôtel Royal afin de (réserver) _____
    des chambres.

---

la retraite: the retirement;   **to entrust someone with something:**   **le four:** the oven
prendre sa retraite: to retire   confier quelque chose à quelqu'un

IV. Traductions

Traduire en français.

1. Make your request before the secretary leaves.

   _____

   _____

2. Make your request before leaving.

   _____

   _____

3. He retired so that his son could take his place.

   _____

   _____

4. I am waiting for him to retire so I can take his place.

   _____

   _____

5. The boss won't pay you unless you work.

   _____

   _____

6. Without my realizing it, you hurt her feelings.

   _____

   _____

7. Without realizing it, I hurt her feelings.

   _____

   _____

8. I don't want you to swim for fear you might catch cold.

   _____

   _____

9. They are going to change for dinner even though they don't feel like it.

   _____

   _____

10. I am going to take them to see some film shorts even though they don't feel like it.

    _____

    _____

SEPTIÈME LEÇON ✠ PARTIE A

I. Exercices préliminaires

A. *Révision:* Combiner les propositions suivantes en mettant le verbe de la seconde au temps qui convient de l'indicatif, du subjonctif ou de l'infinitif, et en ajoutant si besoin *que, de, à ce que*.

1. Marie a peur//son ami ne veut pas venir à la fête d'anniversaire de sa mère.

   _____

2. Il est possible//vous rencontrerez ma sœur cet été en Angleterre.

   _____

3. Je souhaite//j'achèterai une nouvelle chaîne stéréo.

   _____

4. Dans cette région semi-aride les météorologistes s'attendent//une nouvelle sécheresse se produira bientôt.

   _____

   _____

5. Mes parents s'opposent//je reviens d'Italie avant d'avoir appris l'italien.

   _____

6. Mon amie espère//tu lui demande de sortir avec toi.

   _____

7. Ce monsieur a envie//ce monsieur s'assied à côté de la fenêtre.

   _____

8. Il n'a pas dit//cela est vrai.

   _____

9. Le témoin prétend//le témoin a tout vu par la fenêtre.

   _____

10. Nos ennemis ne pensent pas//nos intentions sont honnêtes.

    _____

11. Je regrette//vous n'avez pas pu venir hier soir.

    _____

12. Il est certain//ce coureur gagnera le marathon.

    _____

13. Mon ami doute//tu connaissais sa femme lorsqu'elle était petite.

   _____

14. Il faut//vous finirez cet article si vous voulez le faire publier dans le prochain numéro du journal.

   _____

15. Le médecin a conseillé à mon frère//mon frère fait plus de culture physique.

   _____

16. Êtes-vous sûr//vous avez vu mon mari dans ce restaurant?

   _____

17. Êtes-vous sûr//mon mari est entré dans ce restaurant?

   _____

18. Il est probable//il pleuvra demain.

   _____

19. Je crains//j'ai raté le dernier train.

   _____

20. Je crains//ma fille a raté le dernier train.

   _____

Vérifiez vos réponses. Si vous avez fait une faute, révisez le sixième chapitre.

Réponses aux exercices préliminaires

A. 1. Marie a peur que son ami ne veuille pas venir à la fête d'anniversaire de sa mère.
   2. Il est possible que vous rencontriez ma soeur cet été en Angleterre.
   3. Je souhaite acheter une nouvelle chaîne stéréo.
   4. Dans cette région semi-aride les météorologistes s'attendent à ce qu'une nouvelle sécheresse se produise bientôt.
   5. Mes parents s'opposent à ce que je revienne d'Italie avant d'avoir appris l'italien.
   6. Mon amie espère que tu lui demanderas de sortir avec toi.
   7. Ce monsieur a envie de s'asseoir à côté de la fenêtre.
   8. Il n'a pas dit que cela soit vrai.
   9. Le témoin prétend avoir tout vu par la fenêtre.
   10. Nos ennemis ne pensent pas que nos intentions soient honnêtes.
   11. Je regrette que vous n'ayez pas pu venir hier soir.
   12. Il est certain que ce coureur gagnera le marathon.
   13. Mon ami doute que tu aies connu sa femme lorsqu'elle était petite.
   14. Il faut que vous finissiez cet article si vous voulez le faire publier dans le prochain numéro du journal.
   15. Le médecin a conseillé à mon frère de faire plus de culture physique.

16. Êtes-vous sûr d'avoir vu mon mari dans ce restaurant?

17. Êtes-vous sûr que mon mari soit entré dans ce restaurant?

18. Il est probable qu'il pleuvra demain.

19. Je crains d'avoir raté le dernier train.

20. Je crains que ma fille n'ait raté le dernier train.

II. Exercices

A. Donner la forme appropriée du verbe entre parenthèses.

1. Vous (connaître) _____ assez bien l'allemand, Mademoiselle, mais je cherche une secrétaire qui le (savoir) _____ parfaitement.

2. Ce metteur en scène n'a-t-il fait aucun film qui (valoir) _____ la peine d'être doublé en anglais?

3. Le seul nom sur cette liste qui me (dire) _____ quelque chose est Marie-France Dequintin.

4. Y a-t-il un métro qui (aller) _____ à la place de la Concorde et qui (être) _____ plus rapide que l'autobus?

5. Il est difficile de comprendre qu'une personne en (haïr)_____ une autre parce qu'elles n'ont pas la même religion.

6. Les poèmes de Ronsard sont parmi les plus beaux qui (avoir été écrit) _____ _____ au XVIe siècle.

7. Ce dont nous avons besoin, c'est d'un générateur qui (pouvoir) _____ fonctionner sans polluer l'atmosphère.

8. Dans les années soixante, Christian Dior a dessiné des mini-jupes qui (plaire) _____ surtout aux femmes qui (avoir) _____ de belles jambes.

9. On m'a parlé d'un homme qui (vouloir) _____ faire le tour du monde en bateau à voile.

10. De toutes ces robes, n'y a-t-il que la rouge qui vous (aller)_____ ?

11. Un enfant qui (lire) _____ couramment à deux ans et demi? Je doute que cela (être) _____ possible.

---

le metteur en scène: the director	**haïr:** to hate
doubler: to dub (a film)	**le bateau à voile:** the sailboat
dire quelque chose: to ring a bell; (in another context) to be appealing	**la voile:** the sail;
le métro: the subway	**aller à:** (of clothes) to fit, to look well on
	couramment: fluently

12. Je pense que la route la plus courte qui _____ (conduire) à Marseille passe par Avignon.

13. La première chose que (craindre) _____ un avare, c'est de perdre sa fortune.

14. S'il y a quelqu'un qui (vouloir) _____ se porter volontaire, qu'il (faire) _____ trois pas en avant.

15. Peut-on imaginer un feuilleton télévisé qui (plaire) _____ à tous les téléspectateurs?

B. Donner la forme appropriée du verbe entre parenthèses.

1. Où que l'on (vivre) _____ en France, on paye l'impôt foncier.

2. Quoi qu'en (dire) _____ la propagande, il n'est pas sûr du tout qu'il (valoir) _____ mieux faire confiance à l'état-major.

3. Quelque pressés qu'ils (être) _____ , il faudra qu'ils (faire) _____ la queue comme tout le monde.

4. Il me critique tout le temps, quoi que je (faire) _____ et quoi que je (dire) _____ .

5. Quelque envie que tu _____ (avoir) de rester seul, je veux que tu (venir) _____ avec nous.

6. Faute de marteau, je cherche quoi que ce soit qui (servir) _____ à enfoncer un clou.

7. Quel que (être) _____ son courage, il hésite à se jeter à l'eau.

8. Où que vous (aller) _____ , nous serons toujours amis.

9. De quelque manière que vous (présenter) _____ le rapport, faites-le avant le mercredi prochain.

10. Quelles que (être) _____ ses hésitations, il faudra bien qu'il (finir) _____ par prendre une décision.

---

conduire: to lead
un avare: a miser
le volontaire: the volunteer
se porter volontaire: to volunteer
le pas: the step

le feuilleton télévisé: the television series
l'impôt foncier: the real estate tax
un état-major (m.): a General Staff
pressé: hurried
faute de: for lack of

le marteau: the hammer
enfoncer: to drive in
le clou: the nail

C. Traduire les mots entre parenthèses.

1. J'irai voir (anyone whatever) _____, (anywhere whatever) _____ ,
(at any time whatever) _____ , si ça peut servir à quoi que ce soit.

2. (Whatever they say) _____ je n'en crois pas un mot.

3. Dans ce conte de fée, le roi donnera sa fille à (whoever) _____ tuera le dragon.

4. Quand on conduit (any way whatever)_____ , on finit d'habitude par faire un accident.

5. (Whenever) _____ le thermomètre tombe à 0 degrés centigrades, l'eau gèle.

6. (Whatever) _____ soit la beauté de cette actrice, elle joue comme un pied.

7. Qu'on me serve (anything whatever) _____, pourvu qu'on me serve vite!

8. (Whenever) _____ je paye mes impôts, j'ai envie de me faire anarchiste.

9. Ne me remerciez pas, j'aurais fait la même chose pour (just anyone) _____.

10. (However strong) _____ que soit l'équipe du Japon, il n'est pas sûr qu'elle soit invincible.

11. (In whatever way) _____ que nous organisions le meeting, quelqu'un sera mécontent.

12. (Wherever he is and whatever he is doing) _____ , il téléphone à sa mère tous les jours à midi.

III. Exercices supplémentaires

A. *Avoir beau:* Traduire les mots entre parenthèses.

1. (However much the professor insists) _____ , les étudiants n'apprennent pas les poèmes par cœur.

2. (However much the stock market rises) _____ , mes actions continuent à tomber.

3. (However much you protest) _____ , tu feras la queue comme tout le monde.

4. (However competent you are) _____ , vous êtes trop jeune pour diriger notre succursale de Londres.

5. (However much I phone her) _____ , elle refuse de décrocher l'appareil.

---

geler: to freeze   une action (en bourse): a share (of stock)
comme un pied (argot): badly (slang)   faire la queue: to stand in line
un impôt: a tax   la succursale: the branch office
se faire: to become   décrocher l'appareil: to pick up the phone
the stock market: la bourse

B. Donner la forme appropriée du verbe entre parenthèses.

1. Ce savant cherche un assistant qui (connaître) _____ parfaitement la théorie du chaos.

2. Celui qui (prendre) _____ les clés de ma voiture hier soir sera puni.

3. Son père voudrait lui acheter une montre qui (être)_____ imperméable.

4. Je pense que tu es le seul qui (savoir)_____ conjuguer le verbe "falloir."

5. Il n'y a que Paul qui (pouvoir) _____ dresser ce chien méchant.

C. Traduire les mots entre parenthèses.

1. *(Whatever)* _____ il fasse, ses parents respectent ses décisions.

2. *(Whenever)* _____ Jean me téléphone, je suis en train de prendre ma douche.

3. *(Whatever)* _____ soit le prix de cette robe, elle est trop chère.

4. *(Whatever)* _____ problèmes qu'il ait, sa femme essaie de l'aider.

5. *(In whatever way)* _____ elle essaie de lui faire plaisir, sa mère n'est jamais entièrement satisfaite.

6. Il irait à la chasse avec *(anyone)* _____ .

7. Il dira *(anything)* _____ pour vous convaincre de lui prêter de l'argent.

8. *(Whatever)* _____ il dise, ne le croyez pas.

9. *(Whatever)* _____ soient les mérites du film, je refuse de voir des films d'horreur.

10. *(Wherever)* _____ vous alliez, n'oubliez pas votre carte de crédit.

---

dresser: to train (an animal)   **aller à la chasse:** to go hunting

III. Traductions

Traduire en français.

1. I am looking for someone who wants to buy a hundred shares of Citroën.

    _____

    _____

2. Whenever a new car is built, air pollution increases.

    _____

3. Whatever you want to send abroad, our firm is the only one that can do it immediately.

    _____

    _____

4. Wherever my wife puts the cookies, my kids find them.

    _____

5. However much I try, I don't understand non-objective painting.

    _____

    _____

6. Only a revolution can rid the country of the dictator.

    _____

    _____

7. It is the most extraordinary adventure that ever happened to us.

    _____

    _____

8. The best thing you could do is to find a doctor who understands what you suffer from.

    _____

    _____

9. Whatever he sees and whatever he hears, a paranoiac thinks he is being insulted.

    _____

    _____

10. Whatever your ambitions, don't forget that life is short.

    _____

    _____

air pollution: la pollution athmosphérique
to increase: augmenter
the firm: la maison, la société
the cookie: le biscuit
abroad: à l'étranger

the kid (colloquial): le (la) gosse
to rid: débarrasser
non-objective painting: la peinture non objective
the paranoiac: le paranoïaque

SEPTIÈME LEÇON ✠ PARTIE B

I. Exercices préliminaires

A. Donner l'infinitif, et identifier le temps et le mode des verbes suivants, et les mettre au temps qui les remplace généralement.

1. que tu mangeasses: ______________________
2. que vous eussiez fait: ______________________
3. qu'elle finît: ______________________
4. qu'elles rendissent: ______________________
5. qu'elle fût sortie: ______________________
6. que j'eusse: ______________________
7. que tu fusses: ______________________
8. que George eût senti: ______________________
9. que nous connussions: ______________________
10. que vous eussiez vécu: ______________________

Vérifiez vos réponses. Si vous avez fait une faute, révisez les formes de l'imparfait du subjonctif et du plus-que-parfait du subjonctif.

Réponses aux exercices préliminaires

A.
1. manger - imparfait du subjonctif - que tu manges
2. faire - plus-que-parfait du subjonctif - que vous ayez fait
3. finir - imparfait du subjonctif - qu'elle finisse
4. rendre - imparfait du subjonctif - qu'elles rendent
5. sortir - plus-que-parfait du subjonctif - qu'elle soit sortie
6. avoir - imparfait du subjonctif - que j'aie
7. être - imparfait du subjonctif - que tu sois
8. sentir - plus-que-parfait du subjonctif - que George ait senti
9. connaître - imparfait du subjonctif -que nous connaissions
10. vivre - plus-que-parfait du subjonctif - que vous ayez vécu

II. Exercices

A. Donner la forme appropriée du verbe entre parenthèses et souligner l'expression ou la structure qui exige le subjonctif.

1. Le Procureur de la République n'a trouvé personne qui (être) _____ témoin du crime.

2. Nous avons immédiatement accepté son manuscrit, de peur qu'elle n'(aller) _____ le proposer à un autre éditeur.

3. Bien que le roman (recevoir) _____ de bonnes critiques, il s'est mal vendu.

4. Pour puissants que les syndicats (être) _____ avant le coup d'État, ils n'ont plus aucun pouvoir depuis.

5. Nous ne croyons pas que vous (avoir) _____ raison d'accepter leur proposition; il est possible que vous le (regretter) _____ un jour.

6. Bien que je (se reposer) _____ tout l'après-midi, j'étais mort de fatigue à minuit.

7. Dès que vous avez ressenti les premiers symptômes, il aurait fallu que vous (consulter) _____ un médecin.

8. Le premier pays qui (abolir) _____ l'esclavage fut la France en 1793; le dernier qui (se décider) _____ à faire la même chose a été le Brésil en 1886.

9. Avant de poster ta lettre, je l'ai lue, parce que je craignais que tu (faire) _____ beaucoup de fautes.

10. Je vous préviens, afin que vous (faire) _____ le nécessaire pour que tous nos amis (savoir) _____ que la situation est grave.

11. Êtes-vous sûr que Marie (venir) _____ nous chercher hier soir?

12. Non qu'il (valoir) _____ nécessairement mieux ne jamais boire une goutte d'alcool, mais il faut tout de même faire attention.

13. Puisqu'il faut que tu (rentrer) _____ demain soir, il serait bon que tu (prendre) _____ un billet aller-retour.

14. Nous sommes surpris que vous (arriver) _____ à l'heure; nous nous attendions à ce que vous (être) _____ retardés par les embouteillages.

15. J'ai peur qu'elle (partir) _____ depuis hier ou avant-hier.

---

le Procureur de la République: the district, state, or national attorney
le témoin: the witness
un éditeur: a publisher
le syndicat: the union
ressentir: to feel, to experience

l'esclavage (m.): slavery
poster: to mail
la goutte: the drop
le billet aller-retour: the roundtrip ticket
un embouteillage: a traffic jam

B. Identifier le temps des verbes entre parenthèses et les remplacer par le temps généralement utilisé.

1. Avant que les invités d'honneur (ne fussent arrivés) _____, le banquet a commencé.

2. Pour gagner, il aurait fallu que notre équipe (fût) _____ mieux entraînée.

3. Je le leur ai dit afin qu'ils le (sussent) _____.

4. L'éditeur était déçu qu'elle (n'eût rien écrit) _____ après son premier roman.

5. Nous aurions préféré que (vous n'allassiez pas) _____ au théâtre sans nous.

6. Il aurait fallu lui raconter ce qui s'est passé pour qu'il (l'écrivît) _____ dans son journal.

7. Il n'était pas possible qu'il (eût deviné) _____ mes intentions.

8. La coutume exigeait que nous (bussions) _____ un verre à la santé des nouveaux mariés.

9. Tout le monde craignait qu'il ne (vînt) _____ faire un scandale.

10. Je lui écrivais souvent afin qu'elle ne (m'oubliât) _____ pas.

C. Traduire les expressions entre parenthèses, en employant le présent ou le passé du subjonctif, selon le cas.

1. Il n'y a qu'avec elles que *(we have fun)* _____ chaque fois que nous sortons ensemble.

2. *(It would have been better if you had paid attention)* _____; maintenant il est trop tard.

3. Soit qu'il *(drinks)* _____ du vin, soit qu'il *(takes)* _____ un apéritif ou une bière, il a toujours un verre à la main.

4. Elle doit être chez elle *(unless she has already left)* _____ _____ pour la Suisse.

5. Le roi Henri IV a été le premier qui *(did)* _____ quelque chose pour les paysans.

6. Le Procureur de la République ne croit pas que le témoin *(wants to tell)* _____ la vérité.

7. Est-il possible que <u>Madame Bovary</u> *(was considered)* _____ comme un livre obscène?

8. *(If they expect all the French to be)* _____ des intellectuels raffinés, ils seront déçus.

---

déçu: disappointed   raffiné: refined
la coutume: the custom
le paysan: the peasant

9. *(It is too bad that we arrived)* _____ trop tard.

10. *(Until I was told)* _____ la vérité, je ne me rendais pas compte de

    ce qui se passait.

11. Cet enfant va pleurer *(until his mother tells him)* _____

    qu'elle l'a pardonné.

12. Il a publié l'article *(even though the police had forbidden him to)*

    _____ _____ quelques jours auparavant.

13. Elle préfère souffrir *(although she knows)* _____ qu'une

    aspirine lui ferait du bien.

14. *(The only one who has ever understood me)* _____

    _____, c'est ma secrétaire.

15. Le docteur l'a envoyé chez l'infirmière pour qu'il *(have himself vaccinated)* _____

    _____ contre le typhus.

16. *(Famous as the painter was)* _____

    pendant la Renaissance, on ne parle plus de lui aujourd'hui.

17. Il n'existe personne qui *(has composed)* _____ des fugues

    plus belles que celles de Bach.

18. *(Not that your son is)* _____ bête, mais il est paresseux.

III. Exercices supplémentaires

A. Mettre les verbes entre parenthèses au mode et au temps qui conviennent.

1. Il faudrait que vous (apprendre) _____ à vous servir d'un ordinateur. Ce n'est

   pas difficile et cela rend la vie plus facile.

2. Je suis content que vous (apprécier) _____ ma mousse au chocolat.

3. Penses-tu qu'il y (avoir) _____ des inexactitudes dans son article?

4. Pour qu'elle (recevoir) _____ la lettre avant lundi, il faut que tu (aller)

   _____ la poster aujourd'hui.

5. Paul aurait voulu que tous ses amis (venir) _____ assister au

   baptême de sa fille.

6. Maman regrette que le repas de famille (se passer mal) _____ dimanche dernier.

---

auparavant: previously, before	**vacciner:** to vaccinate
s'attendre à: to expect	**bête:** stupid
entraîner: to train	**paresseux:** lazy
se rendre compte de: to realize, to understand	**le baptême:** baptism
une infirmière: a nurse	

7. Avant que le professeur (expliquer) _____le théorème, son assistant doutait que les étudiants (pouvoir) _____ le comprendre, tellement il est compliqué.

8. Bien que Pauline (ne pas vouloir) _____ venir chez nous, elle a fini par accepter.

B. Compléter les phrases suivantes par une proposition subordonnée au subjonctif.

1. Le professeur n'est pas certain que _____

2. Il aurait fallu que le président _____

3. Il semble que cette actrice _____

4. Il est possible que l'économie mondiale _____

5. Je doute que mes amis _____

C. Remplacer les tirets par: *avant que, pourvu que, de peur que, bien que,* ou *quoique.*

1. En Italie les femmes peuvent entrer dans les églises _____ elles se couvrent les épaules.

2. Marc s'est dépêché _____ l'avion ne parte sans lui.

3. _____ je n'aie pas beaucoup d'argent, j'ai acheté quand même cette voiture de sport.

4. _____ ce roman ne m'intéresse pas, je vais le lire pour faire plaisir à mon frère.

5. Déjà _____elle n'aie reçu le prix Nobel, tout le monde savait que Toni Morrison était un grand écrivain.

IV. Traductions

Traduire en français.

1. No one wants me to say what I think? Is it possible that you aren't interested in my opinion?

_____

_____

2. Provided you have said nothing, no one, as far as I know, suspects that you went to see him.

_____

_____

3. The only man I ever loved didn't want to marry just anyone.

_____

_____

4. Whatever they have done, it would be better that we pretend to have seen nothing.

_____

_____

5. Whether you like it or not, your parents must pay so you can go to the university.

_____

_____

6. Even though he receives unemployment compensation, we fear that it is not enough.

_____

_____

7. Unless that country abolishes slavery, the United Nations will refuse to grant it economic aid.

_____

_____

8. Without anyone having given him the floor, he started to make a speech.

_____

_____

9. Before he was elected to the presidency, he was a well-known lawyer.

_____

_____

10. He doubted that his wife had come back and left again, since he found the apartment exactly as he had left it.

_____

_____

---

unemployment compensation: une allocation de chômage
to give someone the floor: donner la parole à quelqu'un
the speech: le discours

HUITIÈME LEÇON ✳ PARTIE A

I. Exercices préliminaires

A. Donner l'article défini qui s'impose.

1. la bonté
2. l' armoire
3. l' humanisme
4. la combinaison
5. la jument

6. le banc
7. la victoire
8. le singe
9. le côté
10. la rivière

B. Donner le féminin des noms suivants.

1. le chat: la chatte
2. le loup: la louve
3. l'époux: l'épouse
4. le vendeur: la vendeuse
5. le berger: la bergère

6. le veuf: la veuve
7. le Français: la Française
8. le cousin: la cousine
9. le danseur: la danseuse
10. le directeur la directrice

C. Donner le pluriel des noms suivants.

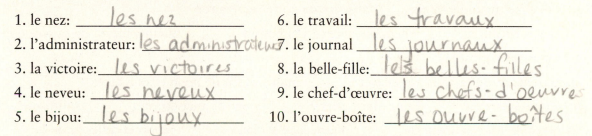

1. le nez: les nez
2. l'administrateur: les administrateurs
3. la victoire: les victoires
4. le neveu: les neveux
5. le bijou: les bijoux

6. le travail: les travaux
7. le journal les journaux
8. la belle-fille: les belles-filles
9. le chef-d'œuvre: les chefs-d'œuvres
10. l'ouvre-boîte: les ouvre-boîtes

Vérifiez vos réponses. Si vous avez fait une faute, révisez le genre des mots et la formation du féminin et du pluriel.

Réponses aux exercices préliminaires

A. 1. la 2. l'(f.) 3. l' (m.) 4. la 5. la 6. le 7. la 8.le 9. le 10. la

B. 1. la chatte 2. la louve 3. l'épouse 4. la vendeuse 5. la bergère 6. la veuve 7. la Française
8. la cousine 9. la danseuse 10. la directrice

C. 1. les nez 2. les administrateurs 3. les victoires 4. les neveux 5. les bijoux 6. les travaux
7. les journaux 8. les belles-filles 9. les chefs-d'œuvre 10. les ouvre-boîtes

II. Exercices

A. Ajouter l'article défini lorsqu'il s'impose et faire, si besoin, élisions et contractions.

1. Notre anniversaire de mariage est _____ jeudi.
2. _Les_ enfants aiment généralement __la__ viande et _les_ gâteaux, mais rarement _les_____ légumes.
3. Dans __la__ vie, on a toujours besoin de _les_ amis.
4. Il avait tellement mal à __la__ tête, qu'il criait de _____ douleur.
5. La plupart de _des_ camarades que j'avais à _au_ lycée sont devenus riches.
6. __Le__ Danemark fait partie de __la__ Scandinavie.
7. Permettez-moi de vous présenter __le__ célèbre romancier Pierre Detouches, en _____ honneur de qui la Société des Auteurs organise un cocktail __la__ semaine prochaine.
8. À _le_ Canada, peu de _____ gens comprennent __le__ russe, mais presque tout _le_ monde parle _le_ français.
9. _Les_ bijoux en _____ or sont très chers.
10. Quand tu iras en _____ France, va à __la__ Orléans et à _au_ Havre.
11. _Le_ général de Gaulle a été _le_ premier président de __La__ Ve République.
12. Ces cachets d'aspirine, que le fabricant vend trois francs _____ douzaine, ne lui coûtent que dix francs _____ tonne à fabriquer.
13. Qui s'occupe du courrier en _____ absence de votre secrétaire?
14. Je n'ai pas besoin de _____ encouragements, j'ai besoin de _____ augmentation de salaire que vous m'avez promise.
15. Mes parents m'ont appris à me laver _____ mains avant de me mettre à table.
16. Quand vous serez à _____ États-Unis, allez à _____ San Francisco en _____ Californie.
17. Ces robes de soie viennent de _____ France, celles-là de _____ Japon et celles-ci de _____ Italie que vous aimez tant.
18. Donnez-moi un morceau de _____ pain; je meurs de _____ faim.
19. _____ Venise d'aujourd'hui est toujours la même que_____ Venise d'avant-guerre.

---

la douleur: the pain, the suffering
le cocktail: the cocktail party
le cachet: the tablet
la soie: silk

le romancier: the novelist
le bijou: the jewel, the piece of jewelry
le courrier: the mail

20. Regardez en _____ air, vous verrez un avion dans le ciel, juste au-dessus de l'église.

21. Il s'est cassé _____ bras et on l'a soigné à _____ hôpital.

22. Il est rentré _____ manteau déchiré et _____ cheveux en désordre.

B. Traduire les expressions entre parenthèses.

1. Ceux qui *(need)* _____ renseignements, levez *(your hand)* _____
_____ s'il vous plaît.

2. Le Boeing 747 qui va *(every morning)* _____ *(from France)*
_____ *(to Mexico)* _____ fait escale *(in the United States)*
_____.

3. *(English jokes)* _____ sont difficiles à traduire *(into German)*
_____.

4. Nous avons *(a dozen)* _____ œufs, *(a pound of)* _____
pommes de terre et *(two liters of)* _____ lait; nous n'allons
pas *(starve to death)* _____.

5. *(Ancient history, algebra, and Arabic)* _____
sont au programme des lycées égyptiens.

6. Les cloches sonnèrent *(in honor of the)* _____ victoire, et *(most of the)*
_____ magasins restèrent fermés *(the whole)* _____
journée.

7. *(Monday and Tuesday)* _____ je serai absent, mais nous
pourrons nous rencontrer la semaine prochaine.

8. *(I often feel like)* _____ foie gras, mais quand on *(lack)*
_____ argent, il faut apprendre à *(do without)* _____ choses
qui coûtent cher.

9. Il a *(too many)* _____ complexes et pas *(enough)* _____ sens
de l'humour pour faire un bon mari.

10. Il a commis *(many a)* _____ vols; *(one of them)* _____
lui a coûté trois ans dans une *(Cairo prison)* _____.

---

soigner: to look after, to take care of
déchirer: to tear
le renseignement: the information
faire escale: to make a stopover
the pound: la livre
the joke: la plaisanterie

algebra: l'algèbre (f.)
Arabic: l'arabe (m.)
la cloche: the bell
se passer de: to do without
le vol: the theft

III. Exercices supplémentaires

A. Remplir les tirets par l'article défini, s'il s'impose, et en justifier l'emploi ou l'omission en renvoyant à la référence correspondante dans L'Essentiel de la grammaire française.

1. Pour réussir, il faut un peu de _____ talent et beaucoup de _____ patience. (   )

2. Ouvrez _____ yeux et fermez votre grande bouche. (   )

3. Dubois, _____ champion de France, et Smith, _____ champion de _____ États-Unis, sont les favoris. (   )

4. Ne confondons pas Dupont, _____ avocat, et Dupont _____ chirurgien. (   )

5. La plupart _____ Québécois parlent _____ français. (   )

6. Bien de _____ Québécois parlent couramment _____ anglais. (   )

7. _____ Pyrénées se dressent entre _____ France et _____ Espagne. (   )

8. Il m'a accusé de _____ incompétence devant tout le monde; il manque vraiment de _____ tact. (   )

9. En _____ absence du patron, qui est en _____ vacances, je m'occupe de _____ courrier. (   )

10. Cet avion fait escale à _____ Havre et à _____ Londres avant d'atterrir à _____ États-Unis. (   )

11. Veux-tu voir "_____ Roi Lear"? J'ai des billets pour _____ samedi. (   )

12. _____ argent ne fait pas _____ bonheur, mais _____ pauvreté encore moins. (   )

13. Je n'ai pas besoin de _____ conseils, j'ai besoin de _____ renseignements que je t'ai demandés. (   )

14. Avez-vous encore de _____ pommes de terre à trois francs _____ kilo? (   )

15. Ils prenaient _____ apéritif quand il lui a demandé de l'épouser; elle a failli s'étrangler de _____ surprise. (   )

16. Elle suit un régime depuis une semaine. Je m'étonne qu'elle puisse se passer de _____ sucreries si facilement. (   )

---

confondre: to confuse
le chirurgien: the surgeon
couramment: fluently
se dresser: to rise
atterrir: to land

le conseil: the advice
faillir + infintif: to nearly, to almost + infinitive
étrangler: to choke
la sucrerie: the sweet

IV. Traductions

Traduire en français.

1. On Tuesday afternoons and Thursday evenings most television programs are interesting.

   _____

   _____

2. The horror movie was so frightening that the girl closed her eyes and clenched her fists.

   _____

   _____

3. The jewel thief landed in Havana on Sunday and left for Peru the following day.

   _____

   _____

4. Most people like the artist's work, but they don't have enough money to buy an original painting.

   _____

   _____

5. Many of the students felt that the exam was too difficult, but one of them got a very good grade.

   _____

   _____

6. In 1815 Emperor Napoleon was defeated at the battle of Waterloo by the Duke of Wellington.

   _____

   _____

7. The party is in honor of the mayor.

   _____

8. My colleague, professor Desrosiers, comes from France, but his wife, who is a pianist, comes from Brazil.

   _____

   _____

9. I am studying Chinese because I am planning to go to China on vacation.

   _____

   _____

10. Although my teacher is American, she speaks Chinese fluently.

   _____

to clench the fist: serrer le poing　　　　　**the thief:** le voleur
to defeat: vaincre　　　　　　　　　　　　　**the mayor:** le maire

HUITIÈME LEÇON ✠ PARTIE B

I. Exercices préliminaires

A. Mettre au pluriel.

1. un animal: _____   4. un prix: _____

2. une main: _____   5. une danseuse: _____

3. un travail: _____

B. Remplacer les tirets par le partitif.

1. Paul a bu _____ café.

2. Il a mis _____ crème dans son café.

3. Il est interdit de boire _____ alcool en conduisant.

4. Les Français mangent souvent _____ escargots.

5. Le patron ne veut pas _____ excuses.

C. Remplacer les tirets par l'article défini, indéfini ou partitif, selon le cas.

1. Je n'aime pas _____ café; mais je prendrai _____ thé si vous en avez.

2. -Avez-vous besoin _____ sucre? -Non, je ne prends jamais _____ sucre, merci.

3. J'ai envie _____ gâteau que j'ai vu à la pâtisserie, mais malheureusement je suis un régime.

4. Parlez-vous _____ français? J'étudie _____ français depuis trois ans, mais je n'en parle pas _____ seul mot. Mon professeur dit que je manque _____ facilité.

5. Normalement je me repose le week-end. Mais ce week-end j'ai _____ travail.

6. Dans ce quartier on est en train de construire _____ jolies maisons.

7. Allez chez la boulangère et achetez _____ petits pains bien frais, s'il vous plaît.

8. Permettez-moi de vous présenter _____ docteur Dupont, _____ spécialiste en cardiologie.

9. Avec _____ patience, presque tout est possible.

10. Ce critique d'art a écrit un grand nombre _____ livres sur la peinture abstraite.

11. Il est difficile de vivre bien sans _____ argent.

12. Cet auteur a écrit _____ romans, mais il n'a jamais écrit _____ poèmes.

13. Si j'avais autant _____ problèmes que lui, je serais très malheureux.

Vérifiez vos réponses. Si vous avez fait une faute, révisez l'emploi de l'article défini, indéfini, et partitif.

Réponses aux exercices préliminaires

A. 1. des animaux 2. des mains 3. des travaux 4. des prix 5. des danseuses

B. 1. du 2. de la 3. de l' 4. des 5. d'

C. 1. le, du 2. de, de 3. du 4. X, le, un, de 5. du 6. de 7. des 8. le, X 9. de la 10. de 11. X 12. des, de 13. de

II. Exercices

A. Ajouter l'article indéfini ou l'article partitif lorsqu'ils s'imposent en faisant, si besoin, élisions et contractions.

1. Nous avons enfin _____ nouvelles, et _____ excellentes nouvelles, Dieu merci.

2. Il n'y a pas _____ hôpital dans le village, mais il y a _____ infirmerie.

3. Wagner a composé _____ opéras très longs.

4. Wagner a composé _____ nombreux opéras.

5. Il a trois fils: l'aîné est _____ électricien, le cadet est _____ journaliste et le benjamin est _____ peintre assez connu.

6. Avec _____ patience, _____ courage et un minimum _____ intelligence, rien n'est impossible.

7. Il n'a ni _____ patience, ni _____ courage, ni _____ intelligence.

8. Le directeur est _____ français, son adjoint est _____ Anglais.

9. Ce vieillard se déplace avec _____ difficulté; il marche avec _____ canne.

10. Nous n'avons pas besoin de _____ conseils, mais de _____ argent que tu nous dois.

11. S'il ne reste plus _____ journaux, donnez-moi _____ revues.

12. Personne ne peut se passer de _____ amis.

13. Louis XIV ne pouvait plus se passer de _____ conseils de Mme de Maintenon.

---

un(e) aîné(e): the elder, the eldest
le cadet, la cadette: the younger one
le benjamin, la benjamine: the youngest child

un adjoint: an assistant
le vieillard: the old man
se déplacer: to move

14. Ce pauvre enfant n'a plus ni _____ père ni_____ mère.

15. Peut-on s'attendre à _____ changements radicaux avant _____ nombreuses années?

16. Pour faire _____ omelette, il faut casser_____ œufs.

17. Je peux vous offrir _____ whisky avec _____ eau gazeuse et _____ glaçons, ou sans _____ glaçons, si vous préférez.

18. La France n'a plus _____ colonies, mais elle garde _____ certaine influence dans _____ nombreux pays africains.

19. Parlez-moi _____ poètes _____ XVIe siècle.

20. Nous étions _____ collègues, nous sommes devenus _____ amis.

21. J'ai lu votre rapport avec _____ soin, avec _____ intérêt et avec _____ attention constante.

22. Il n'y a plus _____ sardines, mais il y a _____ œufs durs et _____ jambon.

23. Dans une des histoires de la Bible, Essau a vendu son droit d'aînesse pour un plat _____ lentilles.

24. Le naufragé s'est retrouvé tout seul, sans _____ bout _____ pain, sans _____ gorgée _____ eau.

25. Sans _____ sources d'énergie et sans _____ richesses minières, il n'y a pas _____ industrie lourde possible.

26. On trouve peu _____ chevaux en Sicile, mais on y trouve _____ ânes.

27. Ce ne sont pas _____ chevaux que vous voyez, ce sont _____ mulets.

28. Ses trois fils sont _____ adorables petits garçons.

29. Dans cette région de _____ Mexique, on trouve _____ extraordinaires bas-reliefs maya et _____ pyramides imposantes.

30. Sur cette question, il y a longtemps que je n'ai plus _____ idées précises.

B. *Les adverbes de quantité:* **Traduire les expressions entre parenthèses.**

1. Si l'équipe de France avait eu *(as much)* _____ discipline, et surtout *(as many)* _____ bons joueurs que l'équipe de Roumanie, elle aurait probablement gagné la Coupe du Monde.

2. La Finlande a *(fewer)* _____ fleuves que la Suède, mais elle *(as many)* _____ lacs.

---

s'attendre à: to expect
gazeux: carbonated
le soin: the care
le droit d'aînesse: the birth right
la lentille: the lentil
le naufragé: the shipwrecked person

le bout: the piece
la gorgée: the mouthful (of liquid)
minière: mineral
lourd: heavy
l'âne: the donkey
le mulet: the mule

3. Dans le Sahara on rencontre *(few)* _____ voitures et *(even fewer)*
_____ _____ motocyclettes.

4. Le ministre Talleyrand avait *(too much)* _____ scepticisme ou *(not enough)*
_____ _____ naïveté pour admirer les militaires.

5. J'ai vu *(many)* _____ films dans ma vie et j'en ai bien aimé quelques uns.

6. Il a *(so much)* _____ travail qu'il ne sait pas quand il pourra le finir.

C. Traduire les expressions entre parenthèses.

1. Le Sénégal ne produit *(neither wheat nor apples)* _____ mais il
produit *(bananas and rice)* _____.

2. Trouve-t-on *(Roman ruins)* _____ en Provence?

3. Si vous n'avez plus *(any fresh bread)* _____ avez-vous au moins
(some rolls) _____?

4. Je lui ai acheté *(oranges)* _____ et *(apples)* _____,
car je sais qu'il aime *(fruit)* _____.

5. Ça fait *(hours)* _____ que la foule attend pour voir passer le roi *(of)* _____ Maroc.

6. Il n'y a plus guère *(any hope)* _____ de retrouver les naufragés.

7. *(Numerous battles)* _____ ont été perdues par *(incompetent gene-rals)* _____.

8. Quand son mari est mort, il l'a laissée *(without a sou)* _____.

9. Est-ce que la reine de Hollande est *(a Catholic or a Protestant)* _____
_____?

10. Ils manquent *(the necessary talent)* _____ à devenir *(great musicians)* _____.

11. Je ne connais pas beaucoup *(children)* _____ qui refuseraient un
(piece of) _____ chocolat.

12. Il y a *(years)* _____ que nous n'avons plus entendu parler de lui.

13. Notre laboratoire a reçu *(a large number of)* _____ échantillons;
(several of the) _____ échantillons venaient *(from foreign countries)*
_____.

14. J'ai entendu *(some children)* _____ parler *(African languages)*
_____ à l'École Internationale.

---

the wheat: le blé
the rice: le riz
ruins: les ruines (f.)

la foule: the crowd
la battle: la bataille
un échantillon: a sample

III. Exercices supplémentaires

A. Justifier l'emploi des différentes formes de l'article souligné en renvoyant à la référence correspondante dans <u>L'Essentiel de la grammaire française</u>.

1. Dans le centre <u>du</u> Brésil, il y a <u>des</u> forêts tropicales et <u>d'</u>énormes marais. (   ) (   ) (   )

2. Alexandre Dumas père a écrit <u>de</u> nombreux romans, <u>des</u> pièces intéressantes et <u>d'</u>amusants récits de voyage. (   ) (   ) (   )

3. Les chauves-souris ne pondent pas <u>d'</u>œufs; ce ne sont pas <u>des</u> oiseaux. (   ) (   )

4. J'aurais pu me passer <u>de</u> conseils, mais pas <u>des</u> sommes que tu m'as prêtées. (   ) (   )

5. Si vous voulez vivre longtemps, ne prenez plus ni <u>une</u> goutte de café ni <u>un</u> verre de vin. (   ) (   )

6. Le dimanche, <u>des</u> vieilles filles allaient acheter <u>des</u> petits pains au boulanger du coin. (   ) (   )

7. Il y a <u>des</u> jours où je ne bois que <u>du</u> vin et <u>d'</u>autres jours où je ne bois que <u>de l'</u>eau. (   ) (   ) (   ) (   )

8. Prends <u>de l'</u>aspirine, ça te fera <u>du</u> bien. (   ) (   )

9. Ça fait <u>des</u> mois que je ne reçois plus <u>de</u> lettres <u>du</u> Canada. (   ) (   ) (   )

10. Pascal était non seulement <u>un</u> écrivain génial, mais aussi <u>un</u> mathématicien remarquable. (   ) (   )

---

le marais: the swamp
la chauve-souris: the bat
pondre (un œuf): to lay (an egg)
prêter: to lend

la goutte: the drop
le coin: the corner
génial: brilliant

B. Remplacer le tiret par l'article défini, l'article indéfini ou le partitif, s'il s'impose.

1. Elle adore _____ robe violette que son amie lui a donnée. Elle la porte généralement _____ dimanche à l'église.

2. Il boit _____ vin rouge à dîner presque chaque jour. Son médecin lui a dit que cela lui ferait _____ bien. Il essaie par contre de boire moins _____ café.

3. La plupart _____ Français n'aiment ni _____ légumes en boîtes ni _____ repas surgelés.

4. Mon ami vient _____ Provence, où l'on trouve partout _____ ruines romaines.

5. Il ne fume ni _____ cigarettes ni _____ cigares. Il préfère _____ bonne pipe.

6. Presque tous _____ enfants ont envie _____ bonbons, mais leurs parents les forcent à manger _____ légumes avant de prendre _____ dessert. Malheureusement, beaucoup _____ enfants n'aiment pas _____ légumes.

7. Ce ne serait pas _____ bonne idée de sortir sans parapluie.

8. Elle joue _____ piano avec _____ enthousiasme.

9. Je ne dors jamais assez et je ne peux donc pas me passer _____ café _____ matin.

10. Bien _____ criminels se sont trompés en se croyant au-dessus de _____ loi.

11. Sans _____ persévérance on ne peut rien accomplir.

12. Tous mes frères et soeurs sont _____ ingénieurs, mais comme je suis nul en _____ mathématiques, je suis_____ devenu psychologue.

13. Après avoir travaillé toute _____ journée, je n'ai plus _____ idées. J'ai besoin _____ inspiration.

14. Cette idée manque _____ originalité.

15. Il a besoin _____ bon dictionnaire que vous lui avez prêté l'autre jour.

---

surgelé: *frozen*

IV. Traduction

Traduire en français.

1. To prepare this Chinese dish, you need *(il faut)* rice, vegetables, meat and oil.

_____

_____

2. After the armistice, Japan was left without an army, without a navy, and without an air force.

_____

_____

3. For my research, I cannot do without the <u>Bibliothèque Nationale</u> Catalog and other reference works.

_____

_____

4. In Southern Spain, one could see mules and horses on every country road, but one almost never saw any trucks.

_____

_____

5. A literary critic must write literary criticism.

_____

6. In the town museum there are several Picassos and two Dalis, but there aren't any Rouaults.

_____

_____

7. What the ambassador said was not a lie, and it wasn't propaganda; it was the truth.

_____

_____

8. In an ideal society, there would be schools and hospitals and no prisons.

_____

_____

9. The lab director received samples of the minerals to be analyzed.

_____

10. The samples, wrapped in cotton, arrived from the Philippines in an aluminum box.

_____

_____

Chinese: chinois
the dish: le plat
an oil: une huile (f.)
to be left without: rester sans
the research: les recherches

the navy: la marine
the truck: le camion
the lie: le mensonge
the propaganda: la propagande
an air force: une aviation

a work: un ouvrage
to be analyzed: à analyser
to wrap: envelopper
aluminum: l'aluminium (m.)

NEUVIÈME LEÇON ✠ PARTIE A

I. Exercices préliminaires

A. Mettre au négatif.

1. J'ai les clés: _____

2. Nous avons des problèmes: _____

3. Le marchand a encore des pull-overs bleus: _____

4. Quelquefois Marie va au cinéma: _____

5. Il parle souvent de sa famille: _____

6. Je connais quelqu'un qui habite cette ville: _____

7. Quelqu'un sonne à la porte: _____

8. Paul a quelque chose à faire cet après-midi: _____
_____

9. Quelque chose est plus important que la santé: _____
_____

10. J'ai quelques idées: _____

11. Les enfants aiment les légumes et les fruits: _____
_____

12. Jacques boit du café et du thé: _____

Vérifiez vos réponses. Si vous avez fait une faute, révisez les formes négatives possibles.

Réponses aux exercices préliminaires

A. 1. Je n'ai pas les clés.
2. Nous n'avons pas de problèmes.
3. Le marchand n'a plus de pull-overs bleus.
4. Marie ne va jamais au cinéma.
5. Il ne parle jamais de sa famille.
6. Je ne connais personne qui habite cette ville.
7. Personne ne sonne à la porte.
8. Paul n'a rien à faire cet après-midi.
9. Rien n'est plus important que la santé.
10. Je n'ai aucune idée.
11. Les enfants n'aiment ni les légumes ni les fruits.
12. Jacques ne boit ni café ni thé.

II. Exercices

A. *Le négatif:* Mettre les phrases suivantes au négatif.

1. Pensons-y. _____
2. Elle a hésité devant la dépense. _____
3. Êtes-vous fatiguée? _____
4. Passez-les-leur. _____
5. Buvez-en. _____
6. Avait-elle compris? _____
7. Mettez-le sur ma note. _____
8. Vous êtes fou? _____
9. Prête-moi ta plume. _____
10. A-t-il faim? _____
11. Nous vous y avons vues. _____
12. Avaient-ils signé le contrat? _____
13. L'Amérique a été explorée par les Bulgares. _____
14. Entrer sans frapper. _____
15. Échanger de l'argent avant d'arriver à la frontière est préférable. _____
    _____

B. Répondre négativement aux questions suivantes en faisant les modifications nécessaires aux expressions soulignées.

Exemple: As-tu quelquefois mangé du caviar?

   Non, je n'ai jamais mangé de caviar.

1. Êtes-vous déjà allé quelque part avec eux?
Non, _____
2. Paul a-t-il encore écrit quelque chose d'original?
Non, _____
3. As-tu acheté du fromage et du jambon?
Non, _____
4. Est-ce que le capitaine lui a ordonné de mentir?
Non, _____
5. Est-ce que quelques-uns de vos amis boivent parfois trop d'alcool?
Non, _____

---

la dépense: the expense   **la note:** the bill, the account

6. Est-ce que <u>quelqu'un</u> a trouvé <u>mon cahier et mon dictionnaire</u>?

Non, _____

C. **Traduire en français.**

1. I looked everywhere but I couldn't find my book anywhere.

_____

2. Are you still hungry? "Not any more, thanks!"

_____

3. No form of censorship can be tolerated.

_____

4. Since you told us the ending of the story, we no longer want to read it.

_____

5. My son isn't afraid of anything.

_____

D. **Mettre les phrases suivantes au négatif en faisant les modifications nécessaires aux éléments soulignés.**

Exemple: Jeanne et Marie? Je les aime <u>l'une et l'autre.</u>
        Jeanne et Marie? Je ne les aime ni l'une ni l'autre.

1. <u>Rendez</u>-les-moi.

_____

2. Ils les ont <u>souvent</u> accompagnés à l'aéroport.

_____

3. Y pensez-vous <u>quelquefois</u>?

_____

4. <u>Quelqu'un</u> viendra te donner les résultats.

_____

5. Mon nouvel ami aime <u>le cinéma et le théâtre</u>.

_____

6. Nous espérons <u>arriver</u> avant l'heure.

_____

7. Nous faisons <u>encore</u> des fautes en parlant français.

_____

8. Je vous <u>aurais ecrit</u> si vous m'aviez insulté.

_____

---

la censure: censorship   the ending: la fin

9. <u>Certains</u> problèmes sont faciles à résoudre.

_____

10. Cela fait <u>une</u> différence.

_____

E. Traduire en français, en employant *ne...que*, lorsque c'est possible.

1. Misers think only of money.

_____

2. Only a miser thinks of nothing but money

_____

3. I only believe what I see.

_____

4. I only have a few pages left to read.

_____

5. She only wants your *(fam.)* happiness.

_____

6. There are but two possible solutions.

_____

7. If you *(fam.)* love only me, why do you only go out with him?

_____

8. He is only a lieutenant, but he takes himself for a general.

_____

9. He could walk only with a cane.

_____

10. One often thinks of nothing but oneself.

_____

---

a miser: un avare   **the cane:** la canne

III. Exercices supplémentaires

A. Répondre négativement aux questions suivantes en faisant les modifications nécessaires aux expressions soulignées.

1. Cet enfant a-t-il <u>déjà</u> eu <u>la rubéole et les oreillons</u>?

Non, _____

2. Est-ce qu'il essaiera <u>encore de</u> dire des mensonges?

Non, _____

3. Seraient-ils allés <u>quelque part</u> sans nous prévenir?

Non, _____

4. Les enfants ont-ils peur <u>du tonnerre et des éclairs</u>?

Non, _____

5. Mettras-tu <u>des épinards et des olives</u> dans la salade?

Non, _____

6. Est-ce que <u>certains</u> de tes amis sont anarchistes?

Non, _____

7. Est que <u>quelqu'un</u> t'aide <u>parfois</u> à faire le lit?

Non, _____

IV. Traductions

Traduire en français.

1. We aren't afraid of anything or anyone.

_____

_____

2. "Who wants some more?" -"Not us. We don't want any more."

_____

_____

3. I looked everywhere, but I didn't find anything anywhere.

_____

---

la rubéole: German measels
les oreillons (m.): the mumps
le mensonge: the lie

un éclair: a flash of lightning
les épinards: spinach
le tonnerre: thunder

4. Since he resigned, he no longer reads professional journals, he never gets up before noon, he swears he will never be on salary again.

   _____

   _____

5. I was asked not to speak to you about it.

   _____

   _____

6. No translation of <u>Hamlet</u> is satisfactory.

   _____

7. That no one tried to contact me is not impossible, but it is hardly probable.

   _____

   _____

8. -"If you (fam.) have nothing to do, don't you want to help me?" -"Not now, I don't feel like working."

   _____

   _____

9. Up to now, I never said anything, but if I ever see you doing that again, I will no longer keep silent.

   _____

   _____

10. We never understood why he left nor why he came back.

   _____

   _____

to resign: démissioner   **to cook:** faire la cuisine
to be on salary: être salarié   **the translation:** la traduction
to swear: jurer   **to keep silent:** se taire
the journal: la revue

NEUVIÈME LEÇON ❋ PARTIE B

I. Exercices préliminaires

A. *Pronoms interrogatifs simples:* Composer une question qui corresponde aux réponses suivantes, en remplaçant les mots soulignés par un pronom interrogatif simple.

Exemple: Je suis le propriétaire de votre appartement.

       <u>Qui</u> est le propriétaire?

1. <u>Jean-Pierre</u> habite ici.

    _____

2. Je compte <u>aller au cinéma</u>.

    _____

3. Elle préfère écrire avec <u>un stylo</u>.

    _____

4. Il a parlé <u>au directeur</u>.

    _____

5. Je fais <u>ce qui me plaît</u>.

    _____

B. *Pronoms interrogatifs composés:* Composer une question qui corresponde aux réponses suivantes, en remplaçant les mots soulignés par un pronom interrogatif composé.

Exemple: <u>Mes lunettes</u> viennent de tomber.

       <u>Qu'est-ce qui</u> vient de tomber?

1. J'ai dit <u>qu'on joue un bon film ce soir</u>.

    _____

2. Marie est sortie avec <u>Philippe</u>.

    _____

3. Il y a eu <u>un accident</u> devant chez moi.

    _____

4. <u>Philippe</u> est allé au cinéma avec moi.

_____

5. J'ai vu <u>Marie</u> au cinéma.

_____

C. *Interrogation indirecte:* Récrire les questions suivantes en ajoutant *je me demande* au début de la phrase.

1. Qu'est-ce que vous voulez?

_____

2. Qu'est-ce qui est arrivé?

_____

3. A quoi est-ce que vous pensiez en achetant cette robe?

_____

4. Qui sera à la réception?

_____

5. De quoi avez-vous besoin?

_____

D. *Lequel, laquelle, lesquels, lesquelles:* En utilisant la forme appropriée de *lequel*, composer une phrase interrogative qui corresponde aux réponses suivantes.

1. Je préfère le tableau de Picasso.

_____

2. Je préfère dîner dans ce restaurant chinois.

_____

3. Mon ami préfère ma robe rouge.

_____

4. Je veux voir les films où joue Philippe Noiret.

_____

5. Je parlais des œuvres de Dumas fils, pas de Dumas père.

_____

E. *Adjectif interrogatif:* **En utilisant la forme appropriée de** *quel,* **composer une phrase interrogative qui corresponde aux réponses suivantes.**

1. J'ai lu plusieurs romans <u>de Tolstoï</u> cet été.

_____

2. Je prends les médicaments <u>que mon médecin m'a prescrits</u>.

_____

3. Je vais porter ma robe <u>rouge</u> ce soir.

_____

4. On a examiné les structures de <u>l'économie européenne</u>.

_____

5. Il est <u>deux heures</u>.

_____

Vérifiez vos réponses. Si vous avez fait une faute révisez le chapitre.

Réponses aux exercices préliminaires

A. 1. Qui habite ici?
2. Que comptez-vous faire?
3. Avec quoi préfère-t-elle écrire?
4. À qui a-t-il parlé?
5. Que faites-vous?

B. 1. Qu'est-ce que vous avez dit?
2. Avec qui est-ce que Marie est sortie?
3. Qu'est-ce qu'il y a eu?
4. Qui est-ce qui est allé au cinéma avec vous?
5. Qui est-ce que vous avez vu au cinéma?

C. 1. Je me demande ce que vous voulez.
2. Je me demande ce qui est arrivé.
3. Je me demande (ce) à quoi vous pensiez en achetant cette robe.
4. Je me demande qui sera à la réception.
5. Je me demande (ce) de quoi/ce dont vous avez besoin.

D. 1. Lequel de ces tableaux préférez-vous?
2. Dans lequel de ces restaurants préférez-vous dîner?
3. Laquelle de ces robes préfère votre ami?
4. Lesquels de ces films voulez-vous voir?
5. Desquelles parliez-vous, des œuvres de Dumas fils ou de celles de Dumas père?

E. 1. Quels romans avez-vous lus cet été?

2. Quels médicaments prenez-vous?

3. Quelle robe allez-vous porter ce soir?

4. Quelles structures a-t-on examinées?

5. Quelle heure est-il?

II. Exercices

A. Donner la forme simple du pronom interrogatif.

1. Nous n'arrivons pas à comprendre *(about what)* _____ ils se plaignent.

2. À *(whom)* _____ doit-on envoyer sa cotisation?

3. De *(what)* _____ as-tu peur?

4. *(Which one)* _____ des filles de Louis XIV a épousé un Espagnol?

5. *(What)* _____ as-tu remarqué d'anormal?

6. De *(whom)* _____ est la Symphonie fantastique?

7. Avec *(what)* _____ fabrique-t-on l'encre invisible?

8. J'ignore *(who)* _____ elle est, *(whom)* _____ elle fréquente et chez *(whom)* _____ elle habite.

9. *(What)* _____ a été décidé par le Syndicat d'initiative?

10. Savez-vous *(what)* _____ a été décidé par le Syndicat d'initiative?

11. À *(whom)* _____ est cet ordinateur?

12. De *(what)* _____ ont-ils envie comme cadeau?

13. Demandons-leur de *(what)* _____ ils ont envie comme cadeau.

14. On joue un film policier et un film de guerre; *(to which)* _____ préfères-tu aller?

15. Dites-nous *(what)* _____ est moins cher, le train ou l'avion.

16. Je me demande *(of what)* _____ tu as peur.

17. Il est difficile de dire *(what)* _____ ce tableau représente.

18. *(What)* _____ a eu lieu en 1492?

---

se plaindre de: to complain about
la cotisation: the dues
une encre: an ink

ignorer: not to know
le Syndicat d'initiative: the Chamber of Commerce

B. Récrire les phrases suivantes a) en remplaçant la forme simple du pronom interrogatif par sa forme renforcée; b) en les faisant précéder de la locution *je me demande,* afin d'en faire des interrogations indirectes.

Exemple: Que désirent-elles?

        a. Qu'est-ce qu'elles désirent?

        b. Je me demande ce qu'elles désirent.

1. Que faut-il faire?

a. _____

b. _____

2. Qu'en dira ta fiancée?

a. _____

b. _____

3. Qui est là?

a. _____

b. _____

4. Avec quoi comptez-vous me payer?

a. _____

b. _____

5. À qui peut-on faire confiance?

a. _____

b. _____

6. Que réclament-ils?

a. _____

b. _____

7. En quoi pouvons-nous te servir?

a. _____

b. _____

8. Qu'ai-je à perdre?

a. _____

b. _____

9. Qui vous a dit ça?

   a. _____

   b. _____

10. De quoi ris-tu?

   a. _____

   b. _____

C. **Traduire les expressions entre parenthèses.**

1. *(What)* _____ est ta date de naissance?

2. *(What is)* _____ un dynamomètre?

3. Sous Louis XIV, les Huguenots ont compris *(what is)* _____ l'intolérance religieuse.

4. *(What)* _____ âge as-tu?

5. De *(what)* _____ race est ce chien?

6. *(What kind of)* _____ est ce militaire? C'est un fantassin.

7. *(Who)* _____ est cette jeune femme? *(What)* _____ est son nom?

8. Comment peux-tu ignorer *(what is)* _____ un dynamomètre?

9. *(What)* _____ règles de grammaire sont expliquées dans la troisième leçon?

III. Exercices supplémentaires

A. **Remplacer les tirets par le pronom ou l'adjectif interrogatif qui s'impose.**

1. _____ est le propriétaire de ce château?

2. Dis-moi _____ il faut que je fasse.

3. Nous n'avons pas la moindre idée de _____ documents sont indispensables.

4. Je me demande _____ tu as besoin.

5. Comprenez-vous _____ ce symbole représente?

6. Contre _____ manifestent-ils?

7. _____ vous téléphone le plus souvent?

8. Il y a trois conférences sur l'histoire de l'art ce soir; _____ vas-tu assister?

9. _____ voulez-vous que je vous dise?

10. _____ vous dites?

11. Il a l'air bien soucieux. _____ peut donc le préoccuper ainsi?

---

la race (d'un animal): the breed   **soucieux:** worried
le fantassin: the infantry man   **le gourmand:** the glutton
manifester: to demonstrate

12. _____ des deux s'agit-il, du père, ou du fils?

13. Je me demande _____ sont les méthodes qu'ils ont utilisées pour parvenir à ces

   résultats et _____ il faut en penser.

14. Que de livres! Dans _____ allez-vous les mettre pour les transporter?

15. _____ un hyménoptère?

16. Près de _____ préfères-tu t'asseoir?

17. _____ vous avez répondu quand il vous a dit cela?

18. _____ est la différence entre un gourmand et un gourmet?

19. On joue deux pièces ce soir, une tragédie et une comédie. _____ voulez-vous aller?

IV. Traductions

Traduire en français.

1. What is toxicology? Does anyone know?

   _____

   _____

2. Whom did they choose for this job? Mr. Dubois? What a strange idea!

   _____

   _____

3. I am often asked what structuralism is; I could give several answers.

   _____

   _____

4. Tell me which of these jewels is the one you prefer.

   _____

   _____

5. What am I thinking about? I am thinking about what you just said, and I am wondering
   what decision to make.

   _____

   _____

6. What happened? Why are all these cars stopping?

   _____

   _____

---

to make a decision: prendre une décision

7. Which king of France said: "After me, the deluge"?

_____

_____

8. With whom did he work? Where did he work? At the library? Which one? There are several at this university.

_____

_____

9. I wonder with whom she went to the movies, and what they saw.

_____

_____

10. In what city was he born? Was it Paris or Nice?

_____

_____

DIXIÈME LEÇON ✠ PARTIE A

I. Exercices préliminaires

A. *Le pronom personnel sujet:* Remplacer les mots soulignés par le pronom personnel sujet qui s'impose.

1. Julie a téléphoné il y a dix minutes.

   _____

2. Hélène et moi irons en Floride.

   _____

3. Marc et toi achèterez le pain et le fromage.

   _____

4. Les remarques de cette étudiante sont toujours intelligentes.

   _____

5. Marie, Sylvie, Julie et Philippe ont collaboré à ce numéro de la revue.

   _____

B. *Le pronom personnel complément d'objet direct:* Récrire les phrases suivantes en remplaçant les mots entre parenthèses par le pronom personnel complément d'objet direct qui s'impose.

1. Jean a déjà envoyé (la lettre).

   _____

2. Quand j'appelle mon chien, il (je) regarde.

   _____

3. Je sais (que vous avez fait de votre mieux).

   _____

4. Le petit garçon ne trouvait pas (ses chaussures).

   _____

5. Est-ce que tu as rendu (le livre) à la bibliothèque?

   _____

6. Si tu n'écoutes pas (ton père et moi), tu le regretteras plus tard.

   _____

7. Marie va envoyer (Julie et toi) au supermarché.

_____

8. Tes parents veulent seulement (tu) rendre heureuse.

_____

9. Hélène est affamée, et sa sœur est (affamée) aussi.

_____

10. Est-ce que le directeur mérite (notre respect)?

_____

C. *Le pronom personnel complément d'objet indirect:* Récrire les phrases suivantes en remplaçant les mots entre parenthèses par le pronom personnel complément d'objet indirect qui s'impose.

1. Philippe écrit souvent (à ses parents).

_____

2. Est-ce que Paul a rendu le dictionnaire (à son ami)?

_____

3. Si Georges ne veut plus parler (à Henri et moi), ça m'est égal.

_____

4. Est-ce que tes oncles (à toi) téléphonent chaque semaine?

_____

5. J'ai déjà envoyé le paquet (à toi et à Georges).

_____

D. Mettre les phrases suivantes à l'impératif.

1. Vous me donnez le livre.

_____

2. Tu te brosses les dents.

_____

3. Vous nous écoutez.

_____

4. Tu leur écris.

_____

5. Tu la prends.

_____

---

affamé: famished

E. *Le pronom personnel réfléchi:* **Récrire les phrases suivantes en remplaçant le verbe transitif par sa forme pronominale.**

Exemple. Je brosse les cheveux de ma fille

   Je me brosse les cheveux.

1. L'institutrice amuse les enfants.

   _____

2. Je plains les pauvres.

   _____

3. Ces chats regardent les autres chats.

   _____

4. Tu trompes tous tes amis.

   _____

5. Nous mettrons un chapeau à plume à la fillette.

   _____

   Vérifiez vos réponses. Si vous avez fait une faute, révisez les sections appropriées du chapitre.

Réponses aux exercices préliminaires

A. 1. elle 2. nous 3. vous 4. elles 5. ils

B. 1. Jean l'a déjà envoyée.
    2. Quand j'appelle mon chien, il me regarde.
    3. Je le sais.
    4. Le petit garçon ne les trouvait pas.
    5. Est-ce que tu l'as rendu à la bibliothèque?
    6. Si tu ne nous écoutes pas, tu le regretteras plus tard.
    7. Marie va vous envoyer au supermarché.
    8. Tes parents veulent seulement te rendre heureuse.
    9. Hélène est affamée, et sa soeur l'est aussi.
   10. Est-ce que le directeur le mérite?

C. 1. Philippe leur écrit souvent.
    2. Est-ce que Paul lui a rendu le dictionnaire?
    3. Si Georges ne veut plus nous parler, ça m'est égal.
    4. Est-ce que tes oncles te téléphonent chaque semaine?
    5. Je vous ai déjà envoyé le paquet.

D. 1. Donnez-moi le livre!

    2. Brosse-toi les dents!

    3. Écoutez-nous!

    4. Écris-leur!

    5. Prends-la!

E. 1. L'institutrice s'amuse.

    2. Je me plains.

    3. Ces chats se regardent.

    4. Tu te trompes.

    5. Nous nous mettrons un chapeau à plume.

II. Exercices

A. *Le pronom complément d'objet direct:* **Compléter les phrases à l'aide du pronom personnel complément d'object direct qui correspond aux mots entre parenthèses.**

1. Que dois-je faire pour _____ rendre heureuse? (ma femme)

2. Il y a deux synagogues à Séville; je _____ ai visitées l'année dernière. (les synagogues)

3. Lui, journaliste? Il _____ prétend, mais ce n'est pas vrai. (être journaliste)

4. Personne ne _____ écoute. (moi et mes amis)

5. Si cette cravate vous plaît, achetez- _____. (la cravate)

6. Ne _____ méprisons pas. (ces gens)

7. Ouvrez le journal et lisez- _____ à haute voix. (le journal)

8. On peut _____ penser, mais il ne faut pas _____ dire. (ce qu'on pense)

9. _____ avez-vous compris? (moi)

10. Tu _____ reconnaîtras facilement. (mes amis)

11. La Vénus de Milo est au Louvre, où les visiteurs viennent _____ regarder et _____ admirer; mais il est défendu de _____ photographier. (la Vénus de Milo)

12. Tais- _____ et écoute- _____. (tu / je)

13. Sa vie privée ne _____ regarde pas. (tu)

14. Les paranoïaques prétendent qu'on _____ persécute. (les paranoïaques)

15. Les rues de Genève sont très propres; je _____ dis parce que je _____ ai vues moi-même. (que les rues sont propres / les rues)

---

mépriser: to despise   se taire: to keep quiet
à haute voix: aloud   prétendre: to claim
défendu: forbidden

128

B. *Le pronom complément d'objet indirect:* **Compléter les phrases à l'aide du pronom personnel complément d'object indirect qui correspond aux mots entre parenthèses.**

1. Quel hôtel _____ a-t-il recommandé? (à vous et votre mari)

2. Parlez- _____ fort, Hélène est un peu sourde. (à Hélène)

3. Si tu veux qu'il _____ réponde, il faut que tu _____ poses la question. (à toi/à lui)

4. J'ai dû _____ traduire le menu; les Gonzalez ne lisent pas le français. (aux Gonzalez)

5. Est-ce que vous _____ avez rendu mes clés? (à moi)

6. Ne _____ dis pas que ça t'est égal. (à tes amis)

7. Un grand nombre de lecteurs _____ ont écrit pour nous féliciter. (à nous)

8. Au lieu de _____ répondre, ils _____ ont dit que ça ne la regardait pas. (à Marie)

9. Connais-tu la chanson qui s'intitule: "Parlez- _____ d'amour"? (à moi)

10. Il _____ donne de bons conseils. (à ses amis)

11. Qui _____ a appris à mépriser l'argent? (à toi)

12. Tous les enfants aiment qu'on _____ raconte des histoires. (aux enfants)

13. Elle ne _____ reproche rien; vous avez mal compris ce qu'elle _____ a dit. (à vous)

14. Pourquoi _____ as-tu prêté ma voiture? (à Marie)

15. Je _____ ai présenté mon frère, mais elle a refusé de _____ serrer la main. (à Hélène/à mon frère)

16. J'ai téléphoné aux filles du sénateur Barbier. Demain je _____ montrerai la maison de Balzac. (aux filles du sénateur Barbier)

C. *En / y:* **Récrire les phrases suivantes en remplaçant les mots soulignés par *en* ou par *y* , selon le cas.**

1. Je ne vous demande pas <u>d'explications</u>.

   _____

2. Nous comptons <u>sur votre présence</u>.

   _____

3. Personne ne doute <u>de votre honnêteté</u>.

   _____

4. On construira un immeuble <u>sur ce terrain vague</u>.

   _____

---

sourd: deaf	**serrer la main:** to shake hands
féliciter: to congratulate	**compter:** to intend; **compter sur:** to count on
le conseil: the advice	**un immeuble:** a building
mépriser: to despise	**le terrain vague:** the vacant lot
prêter: to lend	

5. Les Grecs sont fiers <u>de leur passé</u>.

_____

6. Il faut <u>du courage</u> pour aller <u>au pôle Nord</u>.

_____

7. Je parie que le dossier est <u>dans le bureau du directeur</u>.

_____

8. Elle s'est aperçue <u>de votre absence</u>.

_____

9. Mes parents ne s'intéressent pas <u>à la politique</u>.

_____

_____

III. Exercices supplémentaires

A. Récrire les phrases suivantes en remplaçant les propositions soulignées par des propositions incises.

Exemple: Il me demanda: "Comment vas-tu?"

       "Comment vas-tu?", me demanda-t-il.

1. <u>Ils criaient</u>: "Au secours!"

_____

2. <u>Il dira certainement</u>: "Moi, j'accepte avec plaisir."

_____

3. <u>Elle s'écria</u>: "Mon Dieu, ayez pitié de moi!"

_____

4. <u>J'aurais pu ajouter</u>: "Et d'ailleurs, je n'en ai pas envie."

_____

5. <u>Elles répondront</u>: "Ça nous est égal."

_____

6. <u>Je me suis demandé</u>: "Qu'est-ce qu'elle veut dire?"

_____

7. <u>Il me demandait souvent</u>: "Papa, raconte-moi une histoire."

_____

---

fier: proud
parier: to bet
s'apercevoir de quelque chose: to notice, to realize
   something
crier: to scream

s'écrier: to cry out
au secours!: help!
ajouter: to add
ça m'est égal: I don't care, it's all the same to me

8. <u>Elle lui murmura à l'oreille</u>: "C'est toi que j'aime."

_____

9. <u>Je lui répondrai</u>: "Vous vous trompez, personne n'a dit du mal de vous."

_____

10. <u>Elle leur disait</u>: "Ayez confiance en moi."

_____

11. <u>Elles nous répétaient</u>: "Ne vous en faites pas, tout finira par s'arranger."

_____

12. <u>Tu te diras un jour</u>: "Mon père avait raison."

_____

13. <u>Il répliqua</u>: "Ça ne te regarde pas."

_____

14. <u>Ils affirmaient</u>: "Nous en sommes certains."

_____

15. <u>Elle prétendait</u>: "Je ne leur ai rien dit."

_____

B. **Récrire les phrases suivantes en remplaçant les mots soulignés par un pronom complément d'objet direct ou indirect ou par *en* ou par *y*, selon le cas.**

1. Cette voiture appartient <u>à ses deux frères</u>.

_____

2. Elle a mis <u>ses lunettes</u> dans le tiroir.

_____

3. L'eau <u>de cette rivière</u> n'est pas potable.

_____

4. Je réfléchirai <u>à ce que vous m'avez dit</u>.

_____

5. J'ai déjà envoyé <u>les faire-parts</u> à nos amis.

_____

6. Philippe va parler du prochain budget <u>au directeur</u>.

_____

s'en faire: to worry about (something)
ça ne me regarde pas: it is none of my business
prétendre: to claim
le faire-part (de mariage): the (wedding) announcement

7. Est-ce que Paul sait <u>que vous serez en retard</u>?

_____

8. Elle est sortie <u>du grand magasin</u> chargée de paquets.

_____

9. Les ouvrières ont appris à se servir <u>des nouvelles machines</u>.

_____

10. J'ai eu beau chercher. Je n'ai pas trouvé <u>ma clé</u>.

_____

11. Marie a invité <u>Marc, Philippe, Jean-Pierre et moi</u> chez elle.

_____

12. J'écrirai une longue lettre <u>à mes parents, à mes amis, et à vous</u> dès que j'arriverai à Berlin.

_____

13. N'oubliez pas de téléphoner <u>à vos parents</u>.

_____

14. Avez-vous réfléchi <u>à ma proposition</u>?

_____

15. Après leur dispute, Jean a fait envoyer des fleurs <u>à sa femme</u>.

_____

C. **Récrire les phrases suivantes en employant** *y* **,** *en* **,** *à le faire***, ou** *de le faire***, selon le cas.**

1. La Croix-Rouge s'occupe <u>d'organiser les secours</u>.

_____

2. La Croix-Rouge continue <u>à organiser les secours</u>.

_____

3. Il a réussi à trouver <u>une place</u>.

_____

4. Il a réussi <u>à trouver une place</u>.

_____

5. Je vous conseille <u>de trouver une place</u>.

_____

6. <u>En France</u>, on mange des escargots.

_____

---

le grand magasin: the department store   **un escargot:** a snail
la place: the position

7. Je refuse <u>de manger des escargots</u>.

_____

8. Je refuse de manger <u>des escargots</u>.

_____

9. J'ai passé la nuit <u>à préparer ma feuille d'impôts</u>.

_____

10. J'ai commencé <u>à préparer ma feuille d'impôts</u>.

_____

D. Répondre aux questions en remplaçant les mots soulignés par un pronom personnel, ou par *y* ou par *en*, selon le cas.

1. Est-ce que nous demandons trop <u>de renseignements</u>?

_____

2. Savez-vous <u>qu'on a renvoyé Jean-Pierre</u>?

_____

3. Avez-vous donné votre lettre de démission <u>au directeur</u>?

_____

4. Est-ce que Marie a trouvé <u>ses clés</u>?

_____

5. Est-ce que quelqu'un a téléphoné <u>à la police</u>?

_____

6. Avez-vous mis les documents <u>sur mon bureau</u>?

_____

7. Est-ce que votre mari a vu <u>la pièce de Molière "L'École des femmes"</u>?

_____

8. Est-ce que les archéologues s'occupent <u>des ruines romaines</u>?

_____

9. Est-ce que Jean-Pierre <u>t</u>'a dédié un sonnet?

_____

10. Est-ce que l'explorateur <u>vous</u> a parlé de son séjour en Algérie?

_____

---

la feuille d'impôts: the income tax return
la démission: the resignation

133

IV. Traductions

Traduire en français.

1. I've had enough! If no one wants to take care of it, I'll do it myself.

   _____

   _____

2. They will show you (fam.) the city; they were born there and they know it very well.

   _____

   _____

3. There she is; if she intends to go away without saying goodbye to us, I don't care.

   _____

   _____

4. Jean-Pierre and Micheline were just married; I know it because they told me themselves.

   _____

   _____

5. I left the change on the table; but it isn't there any more. Did you take it?

   _____

   _____

6. I spoke about it to all my friends and I thought about it for a long time before making up my mind.

   _____

   _____

7. They told her that I had promised them we wouldn't serve snails.

   _____

   _____

8. "Listen to me," he said, "it's none of my business, I know that, but I bet you are less naive than you seem to be."

   _____

   _____

9. I don't ask you to despise them, but you shouldn't congratulate them either; they don't deserve it.

   _____

   _____

10. I know Tokyo very well; I've just come back after having spent a month there.

    _____

    _____

to intend: compter, avoir l'intention de
the change: la monnaie

to make up one's mind: décider, se décider à
to deserve: mériter

134

DIXIÈME LEÇON ✠ PARTIE B

I. Exercices préliminaires

A. *Les pronoms toniques:* **Traduire les expressions entre parenthèses.**

1. Ma femme et *(me)* _____ serions heureux de vous avoir à dîner.

2. Ce ne peut pas être *(him)* _____ le prochain ambassadeur au Guatemala, puisque c'est *(me)*_____.

3. On doit respecter les personnes plus âgés que *(oneself)* _____.

4. Ce n'est pas mon tour, c'est à *(them, masc.)* _____ de jouer, et ensuite ce sera à *(you, fam.)* _____.

5. (Neither he nor I) _____ ne nous entendons avec *(them, fem.)* _____.

6. Nous passons le week-end chez *(them, masc.)* _____; veux-tu venir avec *(us)* _____?

B. *La place des pronoms personnels:* **Remplacer les expressions soulignées par le pronom personnel qui s'impose, par *y*, ou par *en*.**

1. Je parlerai de votre projet <u>à mes associés</u>.

   _____

2. Je parlerai <u>de votre projet</u> à mes associés.

   _____

3. Je parlerai <u>de votre projet</u> <u>à mes associés</u>.

   _____

4. Elle a oublié de rendre <u>la monnaie</u> à la cliente.

   _____

5. Elle a oublié de rendre la monnaie <u>à la cliente</u>.

   _____

6. Elle a oublié de rendre <u>la monnaie</u> <u>à la cliente</u>.

   _____

7. Je vous demande de me montrer <u>votre passeport</u>.

   _____

8. Je vous demande de montrer <u>votre passeport</u> aux douaniers.

   _____

9. Je vous demande de montrer votre passeport <u>aux douaniers</u>.

_____

10. Je vous demande de montrer <u>votre passeport</u> <u>aux douaniers</u>.

_____

11. Jean-Pierre va nous parler <u>de son poste à l'université</u>.

_____

12. Le vieillard ne s'est pas souvenu <u>de sa jeunesse</u>.

_____

13. Rendez-moi <u>la monnaie</u>.

_____

14. Ne me rendez pas <u>la monnaie</u>.

_____

15. Rendez <u>la monnaie</u> <u>à la cliente</u>.

_____

Vérifiez vos réponses. Si vous avez fait une faute, révisez le chapitre.

Réponses aux exercices préliminaires

A. 1. moi 2. lui, moi 3. soi 4. eux, toi 5. ni lui ni moi, elles 6. eux, nous

B.   1. Je leur parlerai de votre projet.
    2. J'en parlerai à mes associés.
    3. Je leur en parlerai.
    4. Elle a oublié de la rendre à la cliente.
    5. Elle a oublié de lui rendre la monnaie.
    6. Elle a oublié de la lui rendre.
    7. Je vous demande de me le montrer.
    8. Je vous demande de le montrer aux douaniers.
    9. Je vous demande de leur montrer votre passeport.
   10. Je vous demande de le leur montrer.
   11. Jean-Pierre va nous en parler.
   12. Le vieillard ne s'en est pas souvenu.
   13. Rendez-la-moi.
   14. Ne me la rendez pas.
   15. Ne la lui rendez pas.

le douanier: the custom official

II. Exercices

A. Traduire les expressions entre parenthèses.

1. –"Qui est là, c'est *(you [fam.])* _____?" - "Bien sûr, c'est *(me)* _____.

2. Quel plaisir de rester chez *(oneself)* _____ quand il fait mauvais temps!

3. *(He)* _____, qui s'ennuyait encore plus que *(me)* _____, bâillait toutes les trois minutes.

4. *(You)* _____ et *(me)* _____, nous comprenons la plaisanterie, mais *(them [masc.])* _____, ils n'ont aucun sens de l'humour.

5. Ce n'est pas à *(her)* _____ de vous donner des conseils.

6. Jean-Pierre est le seul garçon de la famille. Il est donc normal qu'il se sente très proche de ses sœurs et qu'il pense souvent à *(them)* _____.

B. Récrire les phrases suivantes en remplaçant les mots soulignés par une expression équivalente.

Exemple: J'ai mis cinq francs <u>dans le distributeur de café</u>.

      J'ai mis cinq francs dedans.
      ou
      J'y ai mis cinq francs.

1. Ne dites pas de mal de <u>vos collègues</u>.

_____

2. Les critiques ont dit beaucoup de mal <u>de ma dernière pièce</u>.

_____

3. Plusieurs de <u>ces plaisanteries</u> sont assez osées.

_____

4. Elle n'est pas <u>chez elle</u>.

_____

5. Peut-on se fier <u>à Philippe</u>?

_____

6. Peut-on se fier <u>à sa parole</u>?

_____

7. Deux <u>de nos camarades</u> ont été blessés.

_____

8. C'est <u>à Waterloo</u> que Napoléon a été vaincu.

_____

s'ennuyer: to be bored
bâiller: to yawn
la plaisanterie: the joke; comprendre la plaisanterie: to be able to take a joke
osé: racy, daring

se fier à: to trust
blessé: wounded

137

9. Napoléon a été vaincu <u>à Waterloo</u>.

_____

10. Méfiez-vous <u>des tournants de l'autoroute A-6</u>.

_____

11. Méfiez-vous <u>des voleurs</u> en rentrant le soir.

_____

12. Ils tiennent <u>à leurs privilèges</u>.

_____

13. La duchesse tient <u>à son cuisinier</u>.

_____

14. Il faut se présenter <u>au commissariat de police</u> avant quinze heures.

_____

15. C'est <u>leur tour</u>.

_____

C. **Remplacer les expressions soulignées par le pronom personnel qui s'impose, par *y* ou par *en*.**

1. C'est <u>au directeur</u> qu'il faut s'adresser.

_____

2. Comptez-vous servir <u>du champagne</u> <u>à vos invités</u>?

_____

3. Vous trouverez de l'aspirine <u>dans une pharmacie</u>.

_____

4. J'ai demandé <u>à Pierre</u> de ne pas raconter <u>de plaisanteries osées</u>.

_____

5. Nous avons rendez-vous avec <u>les Charlier</u> <u>devant le Panthéon</u>.

_____

6. Vous ne pouvez pas me comparer <u>à votre frère</u>.

_____

7. Je te présenterai <u>mes amies</u>.

_____

8. Je te présenterai <u>à mes amies</u>.

_____

---

se méfier de: to watch our for, to be on one's guard for
le tournant: the curve
tenir à: to value, to prize

9. Présentez-moi <u>à vos amies</u>.

_____

10. Présentez-moi <u>vos amies</u>.

_____

11. Ne me présentez pas <u>à vos amies</u>.

_____

12. Ne me présentez pas <u>vos amies</u>.

_____

D. Remplacer les mots soulignés par le pronom personnel qui convient, par *y*, ou par *en*; ensuite, mettre les phrases à l'impératif affirmatif, puis négatif.

Exemple: Vous parlez <u>de vos problèmes</u> <u>à vos amis</u>.
 Parlez-leur-en!
 Ne leur en parlez pas!

1. Tu me passes <u>la moutarde</u>.

_____

_____

2. Vous envoyez <u>votre manuscrit</u> <u>aux éditeurs</u>.

_____

_____

_____

3. Vous me prêtez <u>votre voiture</u>.

_____

_____

_____

4. Nous allons <u>au cinéma</u>.

_____

_____

_____

5. Vous montrez vos tableaux <u>aux critiques d'art</u>.

_____

_____

_____

E. **Répondre aux questions en remplaçant les mots soulignés par le pronom qui convient.**

1. Avez-vous mis <u>le sucre</u> <u>dans le sucrier</u>?

   _____

2. Est-ce que tu as oublié <u>les documents</u>?

   _____

3. Est-ce que son oncle aime raconter <u>des histoires</u> <u>à ses nièces et neveux</u>?

   _____

4. A-t-il envoyé <u>la lettre</u> <u>à la directrice</u>?

   _____

5. Est-ce que tu t'es finalement souvenu <u>de l'histoire qu'il nous avait racontée l'autre jour</u>?

   _____

6. Si nous nous réunissons chez <u>vos parents</u>, est-ce que ça dérangera <u>vos parents</u>?

   _____

7. Pensez-vous souvent <u>à votre ami</u>?

   _____

8. Est-ce que vous écrivez souvent <u>de longues lettres</u> <u>à votre ami</u>?

   _____

9. Pensez-vous souvent <u>à votre travail</u> et aimez-vous parler <u>de votre travail</u>?

   _____

10. Quand est-ce qu'il est rentré <u>de France</u>?

    _____

11. Est-ce qu'il vous a déjà raconté <u>toutes ses aventures</u>?

    _____

12. Est-ce que ces jeunes parents s'occupent bien <u>de leurs enfants</u>?

    _____

13. Est-ce toi qui m'as envoyé une douzaine <u>de roses rouges</u>?

    _____

14. Est-ce que tu l'as présentée <u>à tes amis</u>?

    _____

s'occuper de: to take care of

III. Exercices supplémentaires

A. Récrire les phrases suivantes en remplaçant les mots soulignés par un pronom personnel, un pronom tonique, par *y*, ou par *en*, selon le cas.

1. Pourquoi as-tu donné tant d'argent <u>à Élizabeth</u>?

   _____

2. J'ai promis <u>à Paul</u> de venir demain.

   _____

3. Tu trouveras <u>les clés</u> dans le tiroir.

   _____

4. M. Dubois est au courant du problème: je dis <u>qu'il est au courant</u> parce que j'ai entendu <u>M. Dubois</u> en parler avec <u>ses collègues</u> l'autre jour.

   _____

   _____

5. Le professeur a parlé <u>à ses étudiants</u> <u>de la crise écologique</u>.

   _____

6. La maîtresse s'est aperçue que l'enfant ne regardait pas <u>la maîtresse</u>.

   _____

7. On va parler <u>de vos problèmes</u> demain.

   _____

8. Après s'être disputé avec <u>sa femme</u>, M. Leblanc a offert <u>des fleurs</u> <u>à sa femme</u>.

   _____

9. Elle s'intéresse <u>à l'archéologie</u> depuis l'année dernière.

   _____

10. Le journaliste a répondu <u>à leurs questions</u>.

    _____

11. Elle pense souvent <u>à cette dispute</u>, mais elle pense très peu <u>à l'homme avec qui elle s'est disputée</u>.

    _____

12. Pierre est arrivé <u>de Paris</u> il y a une semaine.

    _____

13. On ne doit pas se fier <u>à Marie</u>: elle ment souvent.

    _____

être au courant: to know about
la maîtresse: the primary school teacher

14. Il n'a jamais pu s'habituer <u>à la vie dans la grande ville</u>.

_____

15. Je me moque <u>de vos objections</u>.

_____

16. Accompagnons <u>nos amis à la gare</u>.

_____

17. Est-ce qu'il vous a donné <u>sa lettre de démission</u>?

_____

18. Il ne m'a pas donné <u>la clé de son appartement</u>.

_____

IV. Traduction

Traduire en français.

1. It is not enough to think of me; you should send me a letter once in a while.

_____

_____

2. She used to eat in restaurants; but since she started her new job, she prefers to eat at home.

_____

_____

3. She gave me a small package; I wonder what is in it.

_____

_____

4. My four partners left with him, but three of them will come back with me at the end of the week.

_____

_____

5. He gets along neither with you *(fam.)* nor with me; but for them *(masc.)*, he would do just anything.

_____

_____

once in a while: de temps en temps   **a partner:** un associé
the package: le paquet   **just anything:** n'importe quoi
to wonder: se demander

6. My brother? Go to Emile's; you will probably find him there, but don't tell him I told you where to find him.

   _____

   _____

7. When one can't do anything oneself, one should at least not criticize others.

   _____

   _____

8. What are you thinking about? If it's about your work, think about it less and think about me a little more.

   _____

   _____

9. One shouldn't make fun of one's professors, even when they make you yawn.

   _____

   _____

10. Beware (fam.) of them (masc.): if you introduce your fiancée to them, they will tell her bad things about our family.

    _____

    _____

to criticize: critiquer
to beware: se méfier de, prendre garde à

ONZIÈME LEÇON ✠ PARTIE A

I. Exercices préliminaires

A. Faire une seule phrase des deux phrases données, en utilisant un pronom relatif approprié: *qui, que, dont, où, ce qui, ce que, ce dont*, ou une forme de *lequel*.

1. Je me rappelle la maison. J'ai passé mon enfance dans cette maison.

_____ *où o dans laquelle* _____

2. Elle a téléphoné au monsieur. Le monsieur lui avait donné les renseignements.

_____ *qui* _____

3. Mon beau-frère [step brother] a fait construire la maison. Tout le monde admire la maison.

_____ *que* _____

4. J'ai besoin d'un livre. Le livre se trouve à la bibliothèque.

_____ *qui* _____

5. Le rapport doit être fini ce soir. Tout le monde travaille au rapport.

_____ *lequel* _____

6. Sa femme ne comprend pas quelque chose. Quelque chose le rend malheureux.

Sa femme ne comprend pas ce qui le rend malheureux

7. Jean-Pierre réfléchit aux problèmes. Les problèmes le préoccupent.

Jean-Pierre réfléchit aux problemes qui le préoccupent

8. La mère ne savait pas. Ses enfants avaient envie de quelque chose.

La mère ne savait pas ce dont ses enfants avaient envie que chose

9. J'ai obtenu mon diplôme en droit cette année. L'année a été la plus heureuse de ma vie.

L'année où j'ai obtenu mon diplôme en droit a été la plus heureuse de ma vie

10. Tu as envoyé une lettre à la dame. La dame prétend ne l'avoir jamais reçue.

Tu as envoyé une lettre à la dame qui prétend ne l'avoir jamais reçue.

pour lundi

Vérifiez vos réponses. Si vous avez fait une faute, révisez le chapitre.

Réponses aux exercices préliminaires

A. 1. Je me rappelle la maison où (dans laquelle) j'ai passé mon enfance.

2. Elle a téléphoné au monsieur qui lui avait donné les renseignements.

3. Tout le monde admire la maison que mon beau-frère a fait construire.

   Mon beau-frère a fait construire la maison que tout le monde admire

4. Le livre dont j'ai besoin se trouve à la bibliothèque.

   J'ai besoin d'un livre qui se trouve à la bibliothèque.

5. Tout le monde travaille au rapport qui doit être fini ce soir.

   Le rapport auquel tout le monde travaille doit être fini ce soir.

6. Sa femme ne comprend pas ce qui le rend malheureux.

7. Jean-Pierre réfléchit aux problèmes qui le préoccupent.

   Les problèmes auxquels Jean-Pierre réfléchit le préoccupent.

8. La mère ne savait pas ce dont ses enfants avaient envie.

   La mère ne savait pas que ses enfants avaient envie de quelque chose.

9. L'année où j'ai obtenu mon diplôme en droit a été la plus heureuse de ma vie.

10. La dame à qui tu as envoyé une lettre prétend ne l'avoir jamais reçue.

    Tu as envoyé une lettre à la dame, qui prétend ne l'avoir jamais reçue.

II. Exercices

A. Donner la forme qui s'impose du pronom relatif.

1. Les théories ___que___ Freud a formulées ont révolutionné la médecine.

2. As-tu jamais acheté le vin ___que___ nos amis Fournel nous ont recommandé?

3. L'article ___qui___ m'a intéressé le plus est celui ___que___ vous avez intitulé La Révolution féministe.

4. Les sauvages parmi ___qui___ il vit sont animistes.

5. Gallimard est l'éditeur ___qui___ publie Hemingway en France.

6. ___Ce qui___ m'impressionne, c'est la qualité des produits de ce pays sous-développé.

7. Le Petit Prince est un conte ___qui___ n'est pas un chef-d'œuvre, mais ___où que___ les enfants lisent avec plaisir.

8. Voici les cartes sans ___lesquels___ il serait dangereux de faire le voyage au Pérou ___que___ vous projetez.

9. ___Ce qui___ est amusant, c'est qu'il croit tout ___qu'___ on lui dit.

10. Le médecin ___que___ j'ai consulté n'a pas compris ___ce qui___ m'a rendu malade.

11. As-tu compris _____ je veux dire?

12. La tribu sur _____ l'ethnologue fait des recherches est celle _____ on appelle Nambikwara.

---

un éditeur: a publisher
le conte: the short story
le chef-d'œuvre: the masterpiece

la carte: the map
projeter: to plan

13. La maison _____ vient de brûler est celle _____ je comptais acheter.

14. Il est difficile de savoir _____ elle reproche à son ancien professeur.

15. Les moyens par _____ on réussit ne sont pas toujours les plus moraux.

16. Le juge devant _____ nous avons comparu est celui _____ écrit des romans policiers.

17. Si tu ouvres l'album _____ je colle mes photos, tu y trouveras celles _____ tu as prises l'été dernier.

18. Expliquez-moi _____ vous avez besoin, et j'essaierai de le trouver.

19. La raison pour _____ je te téléphone est que j'ai besoin d'un conseil.

20. L'enveloppe dans _____ il avait mis le chèque n'est plus sur la chaise _____ je l'ai mise.

B. Remplacer les tirets par un pronom relatif qui convienne. Ajouter si besoin la préposition qui s'impose.

Exemple: J'ai téléphoné au médecin _____ tu m'as parlé.

       J'ai téléphoné au médecin dont tu m'as parlé.

1. Laënnec est le médecin ____que____ nous devons l'invention du stéthoscope.

2. Le travail ____que____ vous m'avez chargé n'est pas encore fini.

3. Comment s'appelle ce dentiste ____qui____ tout le monde chante les louanges?

4. As-tu réussi à comprendre _____ il faisait allusion?

5. Je voudrais bien savoir _____ tu penses.

6. Pourquoi acheter _____ on peut se passer?

7. Je vais prendre des vacances, _____ j'ai bien besoin.

8. On vous fera savoir la date _____ vous devrez comparaître devant le tribunal.

9. La province _____ nous parlons réclame son autonomie.

10. Vous ne pouvez pas lui refuser la prime _____ il a droit.

11. Comment s'appellent les Indiens _____ tu étudies la langue?

12. Le couple _____ l'orphelin a été confié a déjà deux enfants.

13. Nous comptons vous exposer demain le projet _____ nous sommes si fiers et _____ nous tenons tellement.

14. Il m'a félicité, _____ je m'attendais.

15. L'anthologie _____ je contribuerai des poèmes sera publiée l'année prochaine.

---

compter: to intend
reprocher: to have against, to reproach
le moyen: the means
le roman policier: the detective story
coller: to stick, to glue
un conseil: some advice

charger de: to entrust with
la louange: the praise
se passer de: to do without
comparaître: to appear
le tribunal: the law court
réclamer: to demand

la prime: the bonus
confier à: to entrust
s'attendre à: to expect
tenir à: to hold dear, to consider important, to value

16. Les machines _____ vous pensez sont fabriquées en Angleterre.

17. Les jeunes étudiantes _____ vous pensez sont françaises.

18. Les jeunes étudiantes _____ tu feras la connaissance sont celles _____ on m'a présenté hier.

III. Exercices supplémentaires

A. Compléter les phrases à l'aide du pronom relatif qui convient.

1. Quand on lui a demandé qui était Hermione, elle a répondu que c'était la femme _____ Oreste était amoureux.

2. Ne veux-tu pas connaître l'homme avec _____ *qui* _____ j'ai l'intention de passer le reste de ma vie?

3. Personne ne comprend _____ *ce dont* _____ il parle. Il a raconté cinquante versions différentes de la même histoire, parmi _____ *lequel* _____ au moins vingt semblent vraisemblables.

4. La petite maison de campagne _____ *où* _____ j'ai passé ma jeunesse n'existe plus.

5. Je ne comprends pas _____ *qui* _____ est arrivé à Jean. Peut-être l'amie avec _____ *qui* _____ il devait venir s'est-elle trompée de date.

6. Les situations comiques _____ *que* _____ il fait référence viennent toutes des pièces de Molière.

7. Lundi est le jour _____ *que* _____ je dois m'inscrire à l'université.

8. Le problème _____ *que* _____ ce jeune professeur réfléchit est très compliqué. Je me demande _____ *ce que* _____ il pense quand il a du temps libre.

9. L'homme _____ *qui* _____ m'a téléphoné n'est jamais venu, _____ *ce qui* _____ m'étonne parce qu'il a demandé si je serais ici à midi.

10. La lettre _____ *que* _____ ton ami a écrite est pleine d'humour.

11. Le dessert _____ *dont* _____ j'ai le plus envie, c'est la mousse au chocolat.

12. _____ *Ce dont* _____ il a le plus besoin en ce moment, c'est de repos.

13. L'étagère _____ *où* _____ la bibliothécaire venait de ranger les livres est tombée pendant le tremblement de terre.

14. Le film pour _____ *qui* _____ le New York Times a été sévère m'a beaucoup plu quand même.

15. Votre tante est partie le jour même _____ *que* _____ vous êtes arrivé.

16. Elle n'a pas accepté mon invitation, _____ *ce qui* _____ elle a eu tort.

---

une étagère: a shelf

17. Si tu étais ouvrier, tu comprendrais contre __*ce que*__ le syndicat proteste.

18. Je vais me coiffer, après __*qui*__ je me raserai, __*ce dont*__ je déteste, car j'ai la peau très sensible.

19. Elle n'a pas compris immédiatement __*que*__ le chansonnier faisait référence.

20. L'homme __*que*__ les enfants se moquent est un artiste célèbre.

B. **Dans les phrases suivantes, remplacer, lorsque c'est possible, *de qui, duquel*, etc., par *dont*.**

1. Jeanne d'Arc, de qui l'église a fait une sainte, naquit en 1412.

   _____

2. Le général Marcellier, de qui je suis le petit-fils, a perdu la bataille de Cogny.

   _____

3. Le château, duquel il ne reste qu'un rempart, a été construit par Louis XI.

   _____

4. Le rapport à la préparation duquel vous avez collaboré a fait sensation.

   _____

5. Cette dame, le mari de laquelle est brésilien, parle un peu le portugais.

   _____

6. Cette dame, de laquelle le mari est brésilien, parle un peu le portugais.

   _____

7. Les ouvrières, la plupart desquelles sont étrangères, sont payées moins que les ouvriers français.

   _____

8. Ce palais, le jardin duquel a été dessiné par André Le Nôtre, appartenait au duc d'Orléans.

   _____

9. Ces antibiotiques, desquels l'efficacité est prouvée, viennent d'être mis sur le marché.

   _____

10. Ces antibiotiques, l'efficacité desquels est prouvée, viennent d'être mis sur le marché.

    _____

---

le syndicat: the trade union
se coiffer: to comb one's hair
se raser: to shave

la peau: the skin
le chansonnier: the cabaret singer

148

IV. Traduction

Traduire en français.

1. What I want to know is whom you talked to, what they told you, and what you are afraid of.

   _____

   _____

2. An English general, whose name I don't remember, won the battle of Waterloo, which took place in 1815.

   _____

3. The university of which he is the president cannot do without its alumni, among whom there are several millionnaires.

   _____

   _____

4. If you don't know what I need for my birthday, then ask the friends whom I see most often.

   _____

   _____

5. The dress she wanted the most had already been sold.

   _____

6. I am thinking about what you just said and I'm wondering what I should do about it.

   _____

   _____

7. You don't know what I intend to do? Demand the bonus I have a right to, of course.

   _____

   _____

8. What I have against our union is that the dues are too high.

   _____

   _____

9. We do not know who she is, nor what she does, nor whom she knows, nor what she is interested in.

   _____

   _____

10. The country he comes from is a dictatorship whose president is a paranoïac; that is what he told me, at least.

    _____

    _____

---

an alumnus: un ancien élève
the bonus: la prime

the dues: la cotisation
high (of cost): élevé

the dictatorship: la dictature
at least: du moins

ONZIÈME LEÇON ✠ PARTIE B

I. Exercices préliminaires

A. Indiquer dans les phrases suivantes si le mot souligné est un adjectif (adj.) ou un pronom (pr.).

1. J'ai quelques ( ) amis. Plusieurs ( ) vont venir chez moi demain.
2. Toutes ( ) ses idées sont bonnes.
3. On ( ) a dit à chaque ( ) invité d'apporter un plat différent ( ). Qui aurait imaginé que chacun ( ) apporterait la même chose?
4. Quelqu'un ( ) a cambriolé la bijouterie de ce quartier. Le voleur s'est échappé avec plusieurs ( ) diamants, tous ( ) de très bonne qualité.

Vérifiez vos réponses. Si vous avez fait une faute, révisez le chapitre.

Réponses aux exercices préliminaires

A. 1. (adj.); (pr.)
2. (adj.)
3. (pr.); (adj.); (adj.); (pr.)
4. (pr.); (adj.); (pr.)

II. Exercices

A. Pronoms indéfinis: Traduire les expressions entre parenthèses.

1. Au Festival du film italien *(they are showing)* _____ des films de Fellini; j'en ai déjà vu *(several)* _____ et j'ai l'intention de les voir *(all)* _____.
2. *(All)* _____ je demande, c'est que *(someone)* _____ m'explique pourquoi les Français se critiquent constamment *(each other)* _____.

---

to show a film: jouer (montrer) un film

3. (Everyone) _____ sait que (everything which) _____ n'est

pas défendu est permis.

4. Connais-tu l'expression: "(Each one) _____ pour soi et Dieu pour (all) _____?"

5. De ces disques, (some) _____ sont stéréophoniques, (others) _____

sont monophoniques, mais ce sont (all) _____ des enregistrements parfaits.

6. Je me méfie des gens qui savent (everything) _____.

7. Les parents disent souvent: "Les enfants, si vous êtes sages, le Père Noël vous apportera

(something) _____ à (each one) _____".

8. Si vous aimez les estampes japonaises, venez chez moi; j'en ai (a few) _____,

et je vous les montrerai (all) _____.

9. Est-ce que (anyone) _____ a (something) _____ à dire? Ne

parlez pas (all)_____ en même temps.

10. (We were shown) _____ (several)_____écoles; elles étaient

(all)_____ délabrées.

11. La plupart des membres du comité vont venir aujourd'hui; (the others) _____

arriveront demain.

12. Allez voir si (someone) _____ est à la porte.

B. Récrire les phrases suivantes en utilisant le pronom indéfini *on*.

1. Quelqu'un t'a téléphoné.

_____

2. Personne ne sait où le poète Villon est mort.

_____

3. Quand une personne est malade, elle doit rester au lit.

_____

4. Nous nous méfions de toi.

_____

5. Alors, tu ne dis plus bonjour?

_____

6. Ici, le français est parlé.

_____

7. Nous nous en allons.

_____

---

un enregistrement: a recording   **une estampe:** a print   **s'en aller:** to go away
se méfier de: to mistrust   **délabré:** dilapidated   **y aller:** to get going; to go ahead
sage: well-behaved, good   **la plupart des:** most of the

8. Y allons-nous, ou attendons-nous encore?

_____

9. Pouvons-nous voir vos estampes japonaises?

_____

10. Je fais ce que je peux.

_____

C. *Adjectifs indéfinis:* **Traduire les expressions entre parenthèses.**

1. *(Each)* _____ fois que je vois mon ami Paul, il me parle de *(all)* _____ ses problèmes personnels.

2. Heureusement, *(no)* _____ difficulté n'est jamais insurmontable.

3. *(Certain)* _____ romans de Pierre Benoit sont intéressants, *(other)* _____ romans sont très *(mediocre)* _____.

4. Il lui avait rendu visite *(many)* _____ fois avant de la demander en mariage.

5. À cette conférence, *(various)* _____ chercheurs vont présenter leurs conclusions.

6. *(A few)* _____ amis sont venus lui dire au revoir.

7. *(Such a)* _____ solution ne sera pas facile.

8. Cet enfant partage *(all)* _____ ses jouets avec ses amis. Il est la générosité *(itself)* _____.

9. *(Whatever trouble you have)* _____, n'hésitez pas à consulter le directeur *(himself)* _____.

le chercheur: the researcher, the scientist

III. Exercices supplémentaires

A. Remplacer les tirets par l'un des pronoms indéfinis ou des adjectifs indéfinis suivants qui conviennent, en faisant les accords en genre et en nombre.

chaque	chacun	tel	quelque	on
quelqu'un	quelconque	tout	plusieurs	différent
aucun	même	certain	quelques-uns	

1. Il nous a dit _____ fois qu'il n'y avait _____ raison d'avoir peur.

2. Ne crois pas _____ ce qu'il raconte. _____ de ses aventures n'existent que dans son imagination.

3. J'espère que vous avez compris _____ mes instructions. Si vous avez un doute _____, posez-moi vos questions.

4. Paul est l'assurance _____. _____ question ne lui fait peur.

5. Je n'ai jamais vu une _____ insolence!

6. _____ de ses interventions est plus ridicule que l'autre.

7. Je voudrais trouver _____ travail; je ferai n'importe quoi.

8. _____ fois que je le vois, il a encore maigri.

9. Elle a _____ idées _____ des miennes.

10. _____ de mes amis comptent partir bientôt en vacances. Je préfère rester chez moi.

11. _____ ne sait jamais ce qu'il pense.

IV. Traductions

Traduire en français.

1. Several critics wrote that the whole collection of poems was admirable: such praise does not seem justified to me.

_____

_____

2. Some of these wines are better than others, but none is perfect.

_____

_____

l'assurance (f): self-confidence   the praise: la louange

3. A few minutes later, the whole building was burning.

_____

_____

4. I don't want just any novel, I want Françoise Sagan's <u>A Certain Smile</u>.

_____

_____

5. I warned her many a time.

_____

_____

6. Whatever your political opinions, don't you think that no party should have proposed such a program?

_____

_____

7. Something tells me that someone else has already warned them.

_____

_____

8. They are showing an old French film: <u>We Are All Murderers</u>.

_____

_____

9. Everything bores her, nothing interests her, I don't know what is the matter with her.

_____

_____

10. Everyone knows that all that glitters is not necessarily gold.

_____

_____

---

the building: le bâtiment
to warn: prévenir
a murderer: un assassin

to bore: ennuyer
what's the matter with you?: qu'est-ce que tu as?

to glitter: briller
gold: l'or *(m.)*

DOUZIÈME LEÇON ✖ PARTIE A

I. Exercices préliminaires

A. Donner le masculin pluriel, le féminin, et le féminin pluriel des adjectifs suivants.

1. petit: _____

2. neuf: _____

3. heureux: _____

4. beau: _____

5. cher: _____

6. amer: _____

7. inutile: _____

8. moqueur: _____

9. blanc: _____

10. protecteur: _____

11. roux: _____

12. sec: _____

13. faux: _____

14. travailleur: _____

15. public: _____

16. grec: _____

17. gros: _____

18. épais: _____

19. fou: _____

20. gentil: _____

21. cruel: _____

22. secret: _____

23. chrétien: _____

24. muet: _____

25. nouveau: _____

B. Donner les adverbes formés à partir des adjectifs suivants.

1. absolu: _____
2. abstrait: _____
3. admirable: _____
4. affreux: _____
5. amical: _____
6. ancien: _____
7. apparent: _____
8. brillant: _____
9. carré: _____
10. certain: _____
11. clair: _____
12. comparatif: _____
13. confidentiel: _____
14. constant: _____
15. courageux: _____
16. décidé: _____
17. définitif: _____
18. deuxième: _____
19. différent: _____
20. doux: _____
21. effectif: _____
22. entier: _____
23. évident: _____
24. extérieur: _____
25. faux: _____

26. frais: _____
27. formidable: _____
28. fou: _____
29. franc: _____
30. fréquent: _____
31. heureux: _____
32. intelligent: _____
33. intime: _____
34. long: _____
35. matériel: _____
36. monstrueux: _____
37. naïf: _____
38. obscur: _____
39. ordinaire: _____
40. ouvert: _____
41. particulier: _____
42. patient: _____
43. plein: _____
44. premier: _____
45. profond: _____
46. religieux: _____
47. résolu: _____
48. sincère: _____
49. suffisant: _____
50. vrai: _____

Vérifiez vos réponses. Si vous avez fait une faute, révisez la formation de l'adjectif ou de l'adverbe.

Réponses aux exercices préliminaires

A. 1. petits, petite, petites
2. neufs, neuve, neuves
3. heureux, heureuse, heureuses
4. beaux, belle, belles
5. chers, chère, chères
6. amers, amère, amères
7. inutiles, inutile, inutiles
8. moqueurs, moqueuse, moqueuses
9. blancs, blanche, blanches
10. protecteurs, protectrice, protectrices
11. roux, rousse, rousses
12. secs, sèche, sèches
13. faux, fausse, fausses
14. travailleurs, travailleuse, travailleuses
15. publics, publique, publiques
16. grecs, grecque, grecques
17. gros, grosse, grosses
18. épais, épaisse, épaisses
19. fous, folle, folles
20. gentils, gentille, gentilles
21. cruels, cruelle, cruelles
22. secrets, secrète, secrètes
23. chrétiens, chrétienne, chrétiennes
24. muets, muette, muettes
25. nouveaux, nouvelle, nouvelles

B. 1. absolument
2. abstraitement
3. admirablement
4. affreusement
5. amicalement
6. anciennement
7. apparemment
8. brillamment
9. carrément
10. certainement
11. clairement
12. comparativement
13. confidentiellement
14. constamment
15. courageusement
16. décidément
17. définitivement
18. deuxièmement
19. différemment
20. doucement
21. effectivement
22. entièrement
23. évidemment
24. extérieurement
25. faussement
26. fraîchement
27. formidablement
28. follement
29. franchement
30. fréquemment
31. heureusement
32. intelligemment
33. intimement
34. longuement
35. matériellement
36. monstrueusement
37. naïvement
38. obscurément
39. ordinairement
40. ouvertement
41. particulièrement
42. patiemment
43. pleinement
44. premièrement
45. profondément
46. religieusement
47. résolument
48. sincèrement
49. suffisamment
50. vraiment

II. Exercices

A. Mettre l'adjectif entre parenthèses à la forme qui convient.

1. Ce n'est pas nécessairement parce que Jacqueline est tombée (amoureux) _____ qu'elle est (pensif) _____.

2. Grâce à la liberté de la presse, l'opinion (public) _____ n'est plus (muet) _____.

3. La (premier) _____ fois que j'ai visité la Maison (Blanc) _____ j'ai vu le Président, qui m'a fait un (beau) _____ sourire.

4. Les autoroutes (allemand) _____ sont (bon) _____.

5. La police (secret) _____ est toujours (discret) _____.

6. Je prétends, sans (faux) _____ modestie, que ma fille est non seulement (intelligent) _____, mais (travailleur) _____.

7. Les (ancien) _____ poètes français appelaient leur pays la (doux) _____ France.

8. Mettre une cravate (vert clair) _____ avec un complet (bleu foncé) _____ _____? Ça ne se fait pas.

9. Ma (cher) _____ Isabelle, vous êtes toujours si (élégant) _____!

10. Les bêtes (sauvage) _____ ne sont pas plus (cruel) _____ que les animaux (domestique) _____.

11. Les Françaises sont (fier) _____ de leur cuisine, et leurs maris en sont (fier) _____ également.

12. L'Assemblée (général) _____ a décidé que l'instruction (religieux) _____ serait (facultatif) _____; cela a provoqué une (vif) _____ émotion dans les journaux (conservateur) _____.

13. Après cette (long) _____ promenade, nous avons tous la gorge (sec) _____: une boisson (frais) _____ serait la (bienvenu) _____.

14. L'(avant-dernier) _____ pièce de Genet est (supérieur) _____ à toutes les (précédent) _____.

15. La (vieux) _____ dame a laissé sa fortune à la Société (Protecteur) _____ des Animaux.

16. Ma confiance en mon (vieux) _____ ami Philippe est (complet) _____ et (total) _____.

---

grâce à: thanks to
prétendre: to claim, to maintain
travailleur: hard-working
le complet: the suit

foncé: deep, dark
facultatif: optional
vif: intense
la boisson: the drink, the beverage

la gorge: the throat
avant-dernier: second to the last, penultimate

17. Tous mes (meilleur) _____ vœux pour le (nouveau) _____ an.

18. Comment s'appelle cette (merveilleux) _____ actrice (roux) _____ qui joue dans Les Femmes (savant) _____ ?

19. Elles sont (gentil) _____, (intelligent)_____, (doux) _____; j'espère qu'elles seront (heureux) _____ dans la vie.

20. Une fumée (épais) _____ et (malsain) _____ sortait de la cheminée de l'usine.

21. Dans les (prochain) _____ semaines, nous examinerons Les Liaisons (dangereux) _____, de Laclos, La Voie (royal) _____, de Malraux et La (Faux) _____ Maîtresse, de Balzac.

22. Il faut qu'elles soient (fou) _____ pour faire une bêtise (pareil) _____.

23. Ce n'est pas parce qu'il est (beau) _____ homme que tu dois l'envier.

B. Faire accorder l'adjectif et le placer par rapport au nom.

Exemples: Une maison (beau): Une belle maison

Des instructions (nouveau): De nouvelles instructions

1. l'année (dernier): _____

2. un film (grand): _____

3. une habitude (mauvais): _____

4. des robes (joli): _____

5. une romancière (allemand): _____

6. des voitures (grand): _____

7. une chanson (beau): _____

8. la fois (prochain): _____

9. une idée (génial): _____

10. la semaine (dernier) d'août: _____

11. des habitations (luxueux): _____

12. des cristaux (hexagonal): _____

13. l'Assemblée (National): _____

14. monsieur Turlay (pauvre): _____

15. des uniformes (bleu foncé): _____

16. une décision tout à fait (déplorable): _____

(le) roux, (la) rousse: redheaded; the redhead
épais: thick
malsain: unhealthy, dangerous
une usine: a factory

la voie: the road, the way
pareil: such, like that
le romancier, la romancière : the novelist
génial: inspired; work of genius

17. les conseillers (municipal): _____

18. des fleurs (extrêmement frais): _____

19. une chance (incroyable): _____

20. des souris (gentil, petit, blanc): _____

21. une surprise (bon): _____

22. une cérémonie (religieux, anglican): _____

23. une ville (détruit): _____

24. des statuettes (asiatique): _____

25. des pages (blanc): _____

26. une intrigue bien (construit): _____

27. les Nations (Uni): _____

28. les États-(Uni): _____

29. des étudiantes (doué): _____

30. Colonel Fayard (héroïque): _____

C. Traduire les expressions entre parenthèses.

1. *(Hardly)* _____ minuit avait-il sonné que la porte grinça *(mysteriously)* _____
   _____; j'étais *(practically)* _____ paralysé de terreur.

2. Le gouvernement a (so well) _____ manœuvré qu'il aura *(surely)* _____
   une *(very)* _____ solide majorité après les élections.

3. *(First)* _____ les Espagnols ont débarqué aux Antilles; *(then)* _____, ils
   ont conquis le Mexique, *(finally)* _____ ils se sont rendu maîtres de l'Amérique
   du Sud.

4. Le directeur a *(already)* _____ envoyé la lettre. Vous devriez la recevoir dans
   quelques jours.

III. Exercices supplémentaires

A. Accorder les adjectifs en genre et en nombre et les placer par rapport au nom qu'ils modifient.

1. Marie est une personne de (nature/inquiet) _____; elle reste
   souvent (muet) _____ avec les gens qu'elle ne connaît pas.

2. Un poème célèbre d'Apollinaire s'intitule La Jolie _____ (roux). Il l'a écrit en
   l'honneur d'une femme qui était _____ (amoureux) de lui.

---

la souris: the mouse   débarquer: to land
grincer: to squeak

3. Mme Dubois est peut-être (une femme/pauvre/vieux) _____, mais elle n'est ni (avare) _____ ni (amer) _____.

4. Pauline a eu (une note/mauvais) _____ à son examen de physique. On ne peut pas dire qu'elle ne soit pas (intelligent) _____, mais elle n'est pas (travailleur) _____, ça, c'est sûr!

5. C'est (une fille/petit/gentil/intelligent/raffiné) _____ _____.

6. Elle n'avait pas (l'air/certain) _____ de ce qu'elle disait. Et puis elle a dit (choses/certain) _____ qui m'ont fait douter d'elle. On dit aussi que cette femme est (indiscret) _____.

7. (La fois/dernier) _____ que j'ai vu Anna, elle avait beaucoup changé. Elle était un peu plus (fort) _____ mais plus (joli) _____ qu'avant.

8. Voulez-vous voir (mon appartement/nouveau) _____?

9. Mon beau-frère est (un homme/beau/élégant) _____ qui nous a rendu visite (la semaine/dernier)_____.

B. Former l'adverbe à partir de l'adjectif donné entre parenthèses et le mettre à sa place dans la phrase.

1. (éperdu) Philippe est tombé amoureux de Pauline.

   _____

2. (obstiné) Elle a prétendu ne pas avoir volé le diamant.

   _____

3. (vrai) C'est une bonne idée, mais peut-on la réaliser?

   _____

4. (énorme) Cette semaine de repos m'a fait du bien.

   _____

5. (profond) L'année qu'elle a passée en France l'a changée.

   _____

---

fort: (polite for)
prétendre: to claim

IV. Traductions

Traduire en français.

1. The first four chapters are easier than the two following ones.

   _____

2. A thick and noxious smoke filled the small room where the young journalists were playing poker.

   _____

   _____

3. Orson Welles was not only a great American actor, but also a very famous director.

   _____

   _____

4. I'm not saying he wrote well and I'm not saying he wrote badly; I'm saying he wrote a lot: that's more or less all I know about Balzac.

   _____

   _____

5. Frankly, we have never understood why you drove so fast.

   _____

6. The alumnae of various Catholic universities created their own Association.

   _____

   _____

7. Paris is a large, noisy modern city; I prefer my little Breton village.

   _____

   _____

8. The former Curator of African Arts will teach a course on Bambara sculpture once a week.

   _____

   _____

9. It is hardly likely that after so many years in business he hasn't put aside a little money.

   _____

   _____

10. The last time I went to a jazz concert was in a brand-new concert hall in New Orleans.

    _____

    _____

---

the chapter: le chapitre
noxious: nocif
to fill: remplir

the director: le metteur en scène
the alumna: l'ancienne élève
noisy: bruyant

the curator: le conservateur
to put aside: mettre de côté
the concert hall: la salle de concert

Nom de l'élève ______________________ *Professeur* ______________________

DOUZIÈME LEÇON ⊠ PARTIE B

I. Exercices préliminaires

A. ***Le comparatif de l'adjectif:*** **Faire accorder l'adjectif entre parenthèses et en donner le comparatif de supériorité, d'infériorité, ou d'égalité, indiqué par : +, = ou -.**

1. De nos jours, on construit des maisons (+ spacieux) que par le passé.

   ____

2. Ces couleurs-ci ne me semblent pas (- vif) que celles-là.

   ____

3. Cette année, on porte des jupes (+ long) que l'année dernière.

   ____

4. Vos méthodes commerciales paraissent (= moderne) que les nôtres.

   ____

5. La terre en Provence est (= sec) qu'en Californie.

   ____

6. Casanova était-il (+ vaniteux) que Don Juan?

   ____

7. Pourquoi jugez-vous les comédies de Hugo (- intéressant) que celles de Musset?

   ____

8. En Allemagne, la production de fer est (= important) que celle de charbon.

   ____

9. Je n'ai jamais entendu une (+ bon) interprétation du <u>Clair de lune</u>.

   ____

10. La cuisine anglaise est (+ mauvais) que la cuisine allemande.

    ____

B. *Le comparatif de l'adverbe:* Donner le comparatif de supériorité, d'infériorité ou d'égalité de l'adverbe entre parenthèses, indiqué par : +, = ou -.

1. Mon frère conduit (+ vite) et (- prudemment) que moi.

   _____

2. À mon avis, personne ne joue du violoncelle (+ bien) que lui.

   _____

3. Hélène chante (= bien) que sa sœur, mais elle joue du piano (- bien) qu'elle.

   _____

   Vérifiez vos réponses. Si vous avez fait une faute, révisez le chapitre.

Réponses aux exercices préliminaires

A. 1. De nos jours, on construit des maisons plus spacieuses que par le passé.
    2. Ces couleurs-ci ne me semblent pas moins vives que celles-là.
    3. Cette année, on porte des jupes plus longues que l'année dernière.
    4. Vos méthodes commerciales paraissent aussi modernes que les nôtres.
    5. La terre en Provence est aussi sèche qu'en Californie.
    6. Casanova était-il plus vaniteux que Don Juan?
    7. Pourquoi jugez-vous les comédies de Hugo moins intéressantes que celles de Musset?
    8. En Allemagne, la production de fer est aussi importante que celle de charbon.
    9. Je n'ai jamais entendu une meilleure interprétation du Clair de lune.
    10. La cuisine anglaise est plus mauvaise/pire que la cuisine allemande.

B. 1. Mon frère conduit plus vite et moins prudemment que moi.
    2. À mon avis, personne ne joue du violoncelle mieux que lui.
    3. Hélène chante aussi bien que sa sœur, mais elle joue du piano moins bien qu'elle.

II. Exercices

A. Donner le superlatif de supériorité des adjectifs entre parenthèses, les placer par rapport aux noms soulignés, et faire des phrases complètes à partir des éléments donnés.

Exemple: (intéressant) C'est / l'extrait / l'anthologie.
         C'est l'extrait le plus intéressant de l'anthologie.

1. (gracieux) La danseuse / troupe/a dansé / le pas de deux avec le danseur principal.

   _____

2. (beau) L'arbre / le verger / se trouve près du mur.

   _____

le verger: the orchard   **le mur:** the wall

3. (discret) L'inspecteur Dubois / fait / <u>les enquêtes</u> / toute la police.

_____

4. (somptueux) La duchesse/s'habillait / <u>de la façon</u> / possible.

_____

5. (faux) L'escroc nous / a fait / <u>des protestations d'amitié</u>.

_____

6. (frais) <u>Les soirées</u> / l'été / sont les plus agréables.

_____

7. (profond) Nous avons exprimé / <u>nos respects</u> / à cette héroïque vieille dame.

_____

8. (bon) C'est la deuxième candidate qui m'a fait / <u>impression</u>.

_____

9. (mauvais) Paul a pris / <u>la décision</u> / toutes les décisions possibles.

_____

10. (long) Le 21 juin est / <u>la journée</u> / l'année.

_____

B. Donner le superlatif d'infériorité des adjectifs entre parenthèses, les placer par rapport aux noms soulignés, et faire des phrases complètes à partir des éléments donnés.

Exemple: (assidu) C'était / <u>le garçon</u> / la classe.

   C'était le garçon le moins assidu de la classe.

1. (bon) La violence / est / <u>la solution</u>.

_____

2. (neuf) <u>Les chaussures</u> / sont/les plus confortables.

_____

3. (amusant) Ce sont / <u>les anecdotes</u> / le recueil.

_____

4. (Ancien) _____ / <u>des cathédrales normandes</u> date du XIIIe siècle.

_____

5. (cher) <u>Les fourrures synthétiques</u> / sont / _____.

_____

6. (prétentieux) C'est <u>la fille</u> / que je connaisse.

_____

---

une enquête: an investigation
un escroc: a crook, an embezzler
frais: cool

165

7. (mauvais) J'ai choisi cette solution parce que c'était / _____ .

_____

8. (long) <u>La rue du Chat-qui-pêche</u> est / Paris.

_____

9. (nuisible) Je considère <u>la démocratie</u> comme / les formes de gouvernement.

_____

10. (développé) L'Auvergne est <u>la région</u> / France.

_____

C. **Mettre l'adjectif entre parenthèses à la forme qui convient, en ajoutant si besoin** *que, de* **ou** *à*, **selon le cas.**

1. Nous ne sommes pas (sûr) _____ les grandes dames du XVIIIe siècle aient été moins (vertueux) _____ celles du XIXe.

2. Les études de médecine sont plus (long) _____ celles de sciences économiques.

3. Les plus (grand) _____ hommes _____ l'histoire sont souvent morts de mort violente.

4. La façade de cette (vieux) _____ église (roman) _____ est plus (beau) _____ celle de la cathédrale.

5. La chaleur était aussi (étouffant) _____ la veille; la gorge (sec) _____ , il se versa un grand verre d'eau (glacé) _____

6. La peinture (abstrait) _____ est-elle (inférieur) _____ la peinture (figuratif) _____ ?

7. L'introduction de la poudre en Europe (occidental) _____ est-elle (antérieur) _____ ou (postérieur) _____ celle de l'imprimerie?

8. Les (premier) _____ soixante-dix années de notre siècle ont été les plus (sanglant) _____ l'histoire.

9. Les langues vivantes sont-elles aussi (expressif) _____ les langues mortes?

10. Je ne sais pas si son explication est bonne ou mauvaise, mais c'est la plus (cohérent) _____ toutes.

---

roman(e)(adj.): romanesque   **sanglant:** bloody
étouffant: stifling

D. *La comparaison de l'adverbe:* Donner le comparatif ou le superlatif de l'adverbe entre parenthèses, indiqué par le symbole: +, - ou =.

Exemple: Mon frère travaille (vite [+ comp])_____moi.

   Mon frère travaille plus vite que moi.

1. Dérangez-le (souvent [- sup.]) _____ possible; c'est un homme extrêmement occupé.

2. Voler, c'est mal, mais tuer, c'est (mal [+ comp.]) _____.

3. Dans ce pays, les travailleurs sont (bien [- comp.]) _____ payés que dans d'autres pays.

4. Peut-être comprendrez-vous (bien [comp. +]) _____ si je parle (lentement et distinctement [+ comp.]) _____.

5. Marc travaille (peu [- sup.]) _____ de tous les étudiants du cours, mais c'est lui qui comprend (vite [+ sup.])_____.

6. Je sais que tu as fait beaucoup de progrès, mais ton frère en a fait encore (beaucoup [+ comp.]) _____ que toi.

7. Ma sœur joue du piano (bien [+ comp.]) _____ que moi, mais elle joue avec (peu [comp. -])_____d'expression.

III. Exercices supplémentaires

A. *Le comparatif:* Récrire les phrases suivantes en utilisant un comparatif de supériorité, d'infériorité, ou d'égalité, indiqué par le symbole: +, - ou =.

1. La politique internationale du président est// ambitieux (-) // sa politique intérieure.

   _____

2. Est-ce que les universités privées sont // prestigieux (+) // les universités d'État?

   _____

3. La révolution française est // postérieur // la révolution américaine.

   _____

4. Je trouve la cuisine chinoise // gras (-) // la cuisine allemande.

   _____

5. Est-ce qu'on mange généralement // bien (+) // chez soi // dans un restaurant?

   _____

le recueil: the collection (of writings)

6. Ce devoir est // bon (+) // le devoir précédent.

_____

7. Si tu travaillais // soigneusement (=) // tes collègues, tu gagnerais même // peu (+) // d'argent // eux.

_____

_____

8. Hier, les nouvelles étaient mauvaises; aujourd'hui, elles sont encore // mauvais (+).

_____

9. Ce garçon parle français // bien (-) // son ami.

_____

B. *Le superlatif:* Récrire les phrases suivantes en utilisant le superlatif de supériorité ou d'infériorité, indiqué par le symbole: +, ou −.

1. Les abeilles et les fourmis comptent parmi les insectes // intéressant (+) // pour les entomologistes.

_____

2. Pour le moment l'argent est // petit (+) // ses soucis.

_____

3. Les émissions de télévision // intéressant (-) // la journée // passent généralement entre minuit et six heures du matin.

_____

4. Cette autoroute est // long (+) // Europe.

_____

5. Quand on est pianiste, se casser le doigt est // mauvais (+) // les choses qui pourraient arriver.

_____

6. En général les films // intéressant (-) // sont ceux où il y a // peu (+) // violence.

_____

7. C'est Charles qui dessine // bien (+) // la classe.

_____

8. Les bactéries sont parmi les êtres // petit (+) // le monde.

_____

9. C'est le philosophe // compréhensible (-) // j'aie jamais lu.

_____

soigneux: careful

IV. Traductions

Traduire en français.

1. I'm not saying Balzac wrote better or worse than Flaubert; I'm simply saying that he wrote more than Flaubert.

   _____

   _____

2. Most of the time, those who are the surest of themselves are precisely those who brag the least.

   _____

   _____

3. It is not necessarily true that athletes are in better health than people who don't exercise, but it's most often the case.

   _____

   _____

4. This country has a little more than one hundred modern planes; the neighboring country has almost as many.

   _____

   _____

5. Don't bother to go elsewhere: nowhere will you find better products than at Pierrot's.

   _____

   _____

6. The Goncourt Prize is the most prestigious of French literary prizes.

   _____

7. Those countries that produce iron and coal are the most powerful economically.

   _____

   _____

8. He hasn't the least idea how to act in public.

   _____

9. Since the president's election, the economy has gone from bad to worse.

   _____

   _____

10. My colleague is very proud of his little daughter. He says she gets prettier and prettier every day.

    _____

    _____

---

to brag: se vanter   **the product:** le produit
to exercise: faire de la culture physique   **the Goncourt Prize:** le prix Goncourt
don't bother: ce n'est pas la peine

TREIZIÈME LEÇON ✠ PARTIE A

I. Exercices préliminaires

A. Donner la forme du pronom démonstratif qui s'impose.

1. _____ sera certainement un roman intéressant.

2. _____ qui est incroyable, _____ est _____: _____ est la vingtième fois
   que son ami lui ment et il continue à le croire.

3. De toutes les voitures qu'on vend aux États-Unis, lesquelles préférez-vous? _____ qui
   sont fabriquées en Amérique ou _____ qui sont fabriquées au Japon?

4. Regardez ces deux femmes: _____ suit aveuglément la mode, _____ s'en moque
   complètement.

5. Je lui ai dit de ne jamais plus faire _____.

B. Donner la forme de l'adjectif démonstratif qui s'impose.

1. _____ rose-ci est plus fraîche que _____ rose-là.

2. Quand allez-vous vous mettre à _____ travail?

3. Est-ce que tu as déjà essayé toutes _____ robes?

4. Allez-vous prendre _____ appartement?

C. Remplacer le tiret par *il, ce,* ou *ç,* selon le cas.

1. _____ a fait très beau aujourd'hui. _____ était une journée parfaite pour une
   promenade! _____ aurait été dommage de passer toute la journée à la maison.

2. _____ est très difficile d'apprendre le grec ancien. _____ est une langue compliquée.

   Vérifiez vos réponses. Si vous avez fait une faute, révisez le chapitre.

---

aveuglément: blindly
la mode: fashion
se moquer de: not to care about, not to give a hoot about

Réponses aux exercices préliminaires

A. 1. ce 2. ce; c'; ceci; c' 3. celles; celles 4. celle-ci; celle-là 5. cela

B. 1. cette; cette 2. ce 3. ces 4. cet

C. 1. il; c'; ç 2. il; c'

II. Exercices

A. Donner la forme qui s'impose du pronom démonstratif.

1. _____ n'est pas Joséphine qui a donné un fils à Napoléon, _____ est Marie-Louise.

2. Quelle jupe vas-tu mettre, _____ en laine ou _____ en coton?

3. Les citoyens consciencieux sont _____ qui s'intéressent aux affaires publiques.

4. Ce vélo est moins lourd que _____ que j'ai acheté.

5. _____ sont eux qui gagnent plus et _____ est nous qui payons plus d'impôts.

6. Préférez-vous les pièces de Brecht ou _____ d'Ionesco?

7. Louis XIV a dit, paraît-il: "L'État, _____ est moi."

8. Tu as encore dépassé une voiture sans mettre ton clignotant; ne fais plus jamais _____.

9. Regardez _____; savez-vous ce que _____ est?

10. Tu n'aurais pas dû dire _____, _____ est de très mauvais goût.

11. _____ qui m'a donné la recette, _____ est ma belle-sœur.

12. _____ est moi qu'on a choisi, mais _____ aurait pu être n'importe qui.

13. J'ai deux éditions de ce livre: _____ est l'édition originale, et _____ est une édition annotée.

14. Il ne sait pas _____ qu'il veut: d'abord il demande _____, ensuite il demande _____; _____ est un garçon insupportable.

15. J'ai oublié son numéro de téléphone, mais _____ ne fait rien, il est dans l'annuaire.

16. Savoir se taire, _____ est le secret des diplomates.

17. _____ doit être lui qui nous a dénoncés, mais _____ aurait pu être quelqu'un d'autre.

18. Il ne faut pas oublier _____: les films d'Eisenstein sont techniquement inférieurs à _____ de Renoir, mais plus intéressants que _____ des autres metteurs en scène soviétiques.

---

la laine: the wool	**la belle-sœur:** the sister-in-law
le vélo: the bike	**insupportable:** insufferable, very trying
un impôt: a tax	**un annuaire (téléphonique):** a (phone) book
dépasser: to pass, to overtake (a car)	**se taire:** to keep quiet
le clignotant: the turn signal, the blinkers	**dénoncer:** to denounce, to inform on someone
la recette: the recipe	**le metteur en scène:** the director

19. _____ d'entre vous qui êtes étrangers, levez la main.

20. Je ne sais pas quelles tomates ma femme veut que j'achète: _____ sont moins chères, mais _____ me semblent meilleures.

21. Nous avons deux pianos; _____ de ma mère est dans le salon, _____ de mon frère est dans la chambre d'amis.

22. Les plaines du Middle West sont aussi fertiles que _____ de l'Ukraine.

23. Si tu n'avais pas pu venir, _____ aurait été dommage et _____ nous aurait fait de la peine.

24. Est- _____ lui qui a épousé la veuve du général?

25. Ce vin-ci est bon, mais je préfère _____, car c'est _____ qui est le plus sec.

27. Laurel et Hardy ne se ressemblaient pas: _____ était gros, _____ _____ était maigre.

28. Les uns prétendent _____, les autres prétendent _____, qui faut-il croire?

29. S'il y avait eu moins de moustiques et plus de soleil, _____ auraient été des vacances formidables.

30. Mon proverbe favori est _____ : "Partir, _____ est mourir un peu."

B. Compléter les phrases suivantes par le pronom démonstratif ou impersonnel qui s'impose.

1. _____ doit être mon mari qui m'a envoyé ces roses, mais _____ n'est pas certain.

2. Bien que _____ me fasse beaucoup de peine, _____ faut que je te quitte pour toujours.

3. Quelle heure est- _____? _____ est trois heures moins vingt.

4. Si l'on industrialise la région, _____ sera une catastrophe. _____ vaudra mieux la quitter, car _____ deviendra impossible d'y vivre tranquille; _____ est dommage, mais _____ est comme ça.

5. "Vous allez, paraît-_____, aller en Afrique?" "_____ est exact, mais _____ me semble vous l'avoir déjà dit."

6. Vous êtes _____ de mes collègues qui a dit du mal de moi, n'est- _____ pas?

7. _____ est bien connu que ceux qui parlent beaucoup n'ont souvent rien à dire.

8. _____ est en 1960 que Maria Callas a chanté <u>La Traviata</u>, _____ me semble.

9. _____ est regrettable que vous ne sachiez pas vous taire.

---

la chambre d'amis: the guest room
faire de la peine à quelqu'un: to distress someone, to cause someone grief
le veuf, la veuve: the widower, the widow
un avis: an opinion

sec: dry
prétendre: to claim
le moustique: the mosquito
quitter: to leave

C. **Remplacer les mots soulignés par la forme qui s'impose du pronom démonstratif.**

1. Ce vélo-ci est plus rapide que <u>ce vélo-là,</u> et c'est <u>le vélo</u> que je vais acheter.

   _____

2. Qui sont Rossellini et Fellini? <u>Rossellini et Fellini</u> sont de célèbres metteurs en scène italiens.

   _____

3. Cette région-ci est plus industrialisée que <u>cette région</u>-là.

   _____

4. L'art de l'Afrique est aussi expressif que <u>l'art</u> de l'Europe occidentale.

   _____

5. Les moustiques anophèles sont <u>les moustiques</u> qui transmettent la fièvre jaune.

   _____

6. Il pleut; <u>qu'il pleuve</u> ne fait rien, j'ai un parapluie, et toi, tu n'as qu'à prendre <u>le parapluie</u>
   de ton oncle.

   _____

7. Je vous présente M. et Mme Chaumais; <u>M. et Mme Chaumais</u> sont nos amis les plus chers.

   _____

8. Il neige; <u>qu'il neige</u> n'est pas surprenant en décembre.

   _____

D. Donner l'adjectif démonstratif qui s'impose:

1. _____ jours-ci j'ai du mal à me réveiller.
2. _____ roman de Balzac est très intéressant.
3. Dites-moi la vérité: est-ce que vous aimez vraiment _____ robe?
4. _____ appartment-ci est plus spacieux que _____ appartment-là.
5. Quand est-ce que vous devez rendre _____ livres à la bibliothèque, _____ semaine,
   ou la semaine prochaine?
6. _____ homme me semble très dangereux.
7. _____ robes sont toutes trop petites.
8. J'aime beaucoup _____ actrice. Et vous?

---

se taire: to keep one's mouth shut

E. Récrire les phrases suivantes en employant *ce + être + qui* ou *ce + être + que* selon le cas, pour mettre en valeur les expressions soulignées.

Exemple: Jean parle à Marie. C'est Jean qui parle à Marie.

Jean parle à Marie. C'est à Marie que Jean parle.

1. J'ai rencontré la directrice sur les Champs-Elysées.

_____

2. J'ai rencontré la directrice sur les Champs-Elysées.

_____

3. Êtes-vous l'auteur de ce chef-d'oeuvre?

_____

4. Nous avons rendez-vous à midi.

_____

5. Savoir se taire est difficile.

_____

6. J'ai perdu mon alliance.

_____

7. Ils n'arriveront pas avant la semaine prochaine.

_____

8. Georges Pompidou a été le successeur de de Gaulle.

_____

9. Il faut construire soit un pont soit un tunnel.

_____

10. Votre proposition nous paraît la plus intéressante.

_____

---

une alliance: a wedding ring

III. Exercices supplémentaires

A. Donner la forme du pronom démonstratif, de l'adjectif démonstratif ou du pronom impersonnel qui s'impose.

1. _____ arrive qu'on oublie ses clés, _____ qui n'est pas grave si on sait où on les a mises.

2. Leconte de Lisle et Baudelaire sont deux poètes du XIXe siècle. _____ - _____ est plus profond que _____ - _____.

3. _____ est ma belle-mère qui a fait _____ mousse au chocolat.

4. De tous les acteurs, _____ est Philippe Noiret que je préfère à cause de _____ : il s'adapte à n'importe quel rôle.

5. Vous avez tort, mais _____ n'a pas d'importance.

6. _____ aurait mieux valu exposer votre théorie dans _____ mémoire.

7. _____ est possible qu'il ait commis le crime, mais _____ n'est pas probable.

8. Que _____ qui a trouvé mon sac me le rende!

9. _____ qui me met en rage _____ est _____ : il ne téléphone jamais pour me dire qu'il sera en retard. _____ est impardonnable!

10. _____ est évident qu'il apprécie votre travail. Vous n'avez qu'à lire _____ évaluation pour le constater.

IV. Traductions

Traduire en français.

1. It's too bad if she doesn't agree with me; but that's the way it is.

_____

_____

2. You (fam.) want this, you want that, you want everything you see, don't you?

_____

_____

3. My car is faster than the one we just passed.

_____

_____

---

avoir tort: to be wrong
un mémoire: a memorandum

constater: to see for oneself

4. It is possible that her number is in the telephone book, but it is not probable.

_____

_____

5. If it hadn't rained, it would have been a great vacation.

_____

_____

6. Which wedding ring do you like better, the gold one or the silver one?

_____

_____

7. I prefer Chartres' cathedral to Strasbourg's.

_____

_____

8. These two editions are good, but this one is annotated and that one isn't.

_____

_____

9. The one who asked me for the recipe is my daughter-in-law.

_____

_____

10. That man was very impolite to my friends, which is unpardonable.

_____

_____

to pass(a car): dépasser

TREIZIÈME LEÇON ✠ PARTIE B

I. Exercices préliminaires

A. Donner l'adjectif possessif qui correspond au pronom entre parenthèses.

Exemple: (tu) _____ chemise: <u>ta</u> chemise

1. (je) _____ idée; _____ clé
2. (tu) _____ pantalon; _____ vêtements
3. (il) _____ bureau; _____ petite amie
4. (elle) _____ stylo; _____ oncle
5. (nous) _____ amis; _____ cours de français
6. (vous) _____ lettre; ____ _____ théories
7. (ils) _____ idées; _____ maison
8. (elles) _____ appartement; _____ parents
9. (je) _____ histoire; _____ voiture
10. (elle) _____ portefeuille; _____ chaussures

B. Remplacer les expressions suivantes par le pronom possessif qui leur correspond.

Exemples: mon livre: le mien

        leurs amis: les leurs

1. notre imagination _____
2. votre peau _____
3. tes alliés _____
4. leurs insomnies _____
5. votre succès _____
6. ta responsabilité _____
7. mon ambition _____
8. tes expériences _____
9. son grenier _____
10. leur troupeau_____
11. ses talents _____
12. vos remarques _____
13. notre marine_____
14. mes voeux _____
15. son bétail _____
16. mon dossier _____
17. ton institutrice _____
18. leur technique_____
19. nos buts _____
20. mes recherches _____

Vérifiez vos réponses. Si vous avez fait une faute, révisez le chapitre.

---

la peau: the skin   **le troupeau:** the navy   **le but:** the goal
le grenier: the attic   **le bétail:** cattle

Réponses aux exercices préliminaires

A. 1. mon idée; ma clé 2. ton pantalon; tes vêtements

3. son bureau; sa petite amie 4. son stylo; son oncle

5. nos amis; nos cours de français

6. votre lettre; vos théories

7. leurs idées; leur maison

8. leur appartement; leurs parents

9. mon histoire; ma voiture

10. son portefeuille; ses chaussures

B. 1. la nôtre 2. la vôtre 3. les tiens 4. les leurs

5. le vôtre 6. la tienne 7. la mienne 8. les tiennes

9. le sien 10. le leur 11. les siens 12. les vôtres

13. la nôtre 14. les miens 15. le sien 16. le mien

17. la tienne 18. la leur 19. les nôtres 20. les miennes

II. Exercices

A. Traduire les expressions entre parenthèses.

1. À propos d'opinions politiques, *(hers)* _____ sont moins naïves que *(yours)* _____.

2. Les petits Français apprenaient que *(their)* _____ ancêtres les Gaulois avaient *(blue eyes)* _____ et *(blond hair)* _____.

3. Chacun de nous a *(his)* _____ auteur préféré; *(mine)* _____ est Balzac, Proust est *(yours)* _____ et c'est Simone de Beauvoir qui est *(hers)* _____.

4. Tous les maris sont insupportables, sauf, bien entendu, *(yours [fam.])* _____ et *(mine)* _____.

5. Comparées *(to yours)* _____, *(my)* _____ ambitions sont modestes.

6. Tout le monde a des ancêtres: *(mine)* _____ étaient des Français, *(yours [fam.])* _____ des Anglais, *(hers)* _____ des Allemands.

7. Il a emprunté *(my)* _____ cravate et *(your [fam.])* _____ eau de cologne, il s'est fait couper *(his)* _____ cheveux: il doit être amoureux.

8. Lorsqu'on porte l'uniforme, doit-on obéir à *(one's)* _____ chefs, quels que soient *(their)* _____ ordres?

à propos de: as for, talking about   être insupportable: to be a pain, insufferable
emprunter: to borrow

9. *(Her)* _____ proverbe favori est: "*(My)* _____ verre est petit,
   mais je bois dans *(my)* _____ verre."

10. *(Our)* _____ gouvernement a donné l'ordre à *(our)* _____ diplomates de
    rejoindre *(their)* _____ poste.

11. Je veux bien t'aider, mais il faut aussi que tu *(cooperate)* _____.

12. Si tu veux voir un Boeing 747, lève *(your)* _____ tête et ouvre *(your)* _____ yeux.

13. Tous les pays n'ont pas la même cuisine; chacun a *(his)* _____. Les Français pensent
    que *(their)* _____ est la meilleure de toutes.

14. On ne doit pas empêcher *(one's)* _____ enfants d'exprimer *(their)* _____ opinions.

15. La Sorbonne a encore *(been up to its old tricks)* _____: ils
    ont perdu mon dossier.

16. *(My)* _____ collègues sont sympathiques, et *(yours)* _____?

17. La différence entre ces deux objets d'art est que *(mine)* _____ est une copie et
    (yours) _____ est un original.

18. Pour être sûr de réussir dans la vie, il faudrait avoir *(your [fam.])* _____ chance,
    (his) _____ fortune et *(my)* _____ santé.

19. *(His)* _____ étonnante réussite ne se compare pas à *(my)* _____ modestes succès.

20. Avez-vous fait la connaissance de *(her)* _____ insupportable belle-mère?

21. Les Bédoins parcourent le désert avec *(their)* _____ famille, *(their)* _____
    serviteurs et *(their)* _____ troupeaux.

22. Tout le monde admire *(her [stressed])* _____ ambition_____ et
    (his [stressed]) _____ courage _____.

III. Exercices supplémentaires

A. Traduire les expressions entre parenthèses.

1. Ma voiture est en panne. Est-ce que je peux prendre *(yours [fam.])* _____?

2. Avez-vous fait la connaissance de *(her)* _____ amie Hélène?

3. *(His [stressed])* _____ idées _____ sont plus intéressantes que *(theirs)* _____.

4. *(Our)* _____ problèmes sont très compliqués.

5. Philippe a prêté *(his)* _____ livre à Marie parce qu'elle avait oublié *(hers)* _____.

6. J'ai vu *(your)* _____ belle-mère récemment.

7. *(Their)* _____ maison est plus spacieuse que *(ours)* _____.

---

coopérer: to cooperate	**la chance:** the luck	**parcourir:** to travel through
empêcher: to prevent	**étonnant:** astonishing	
le dossier: the file	**la belle-mère:** the mother-in-law	

IV. Traduction

Traduire en français

1. Think about your responsibilities, and I'll think about mine.

   _____

2. A good spy keeps his ears and his eyes open, and his mouth shut.

   _____

   _____

3. The workers went on strike because one of their number was fired unjustly.

   _____

   _____

4. Don't forget to put on your sunglasses. You have very sensitive eyes.

   _____

   _____

5. With your (fam.) talent and my wealth, our factory will soon be larger than theirs.

   _____

   _____

6. I admire her talent, her imagination, and her knowledge; her research is as interesting as your own.

   _____

   _____

7. Our dreams for the company are more ambitious than theirs.

   _____

8. The Parisian students acted up again last night: this time they painted Voltaire's statue red.

   _____

   _____

9. Every member of the team must cooperate or we will never finish this project on time.

   _____

   _____

10. She packed her suitcases, left a note for her husband, another for her children, called her mother, and left for a week's vacation in Tahiti.

    _____

    _____

---

a spy: un espion
to fire: licencier, renvoyer
to go on strike: se mettre en grève
unjustly: injustement

les lunettes (noires) (de soleil): sun glasses
sensitive: sensible
a factory: une usine

to pack one's suitcases: faire ses valises

QUATORZIÈME LEÇON ✠ PARTIE A

I. Exercices préliminaires

A. *À:* Remplacer les tirets par *à* ou *à* + *article défini* et en justifier l'emploi.

Exemple: Mon père part _____ Japon dans quelques jours.

Mon père part au Japon dans quelques jours. (pays masculin)

1. Marceline va étudier _____ Paris l'année prochaine. ( )
2. J'ai déjà rendu le livre _____ bibliothèque. ( )
3. Son père lui a donné des patins _____ roulettes pour son anniversaire. ( )
4. Les Hollandais voyagent principalement _____ bicyclette. ( )
5. Qu'il fait chaud! Mettons-nous _____ ombre. ( )

B. *De:* Remplacer les tirets par *de* ou *de* + *article défini* et en justifier l'emploi.

Exemple: C'est le pull-over _____ Jean.

C'est le pull-over de Jean. (possession)

1. Mon voisin est arrivé _____ Japon hier soir. ( )
2. En été je préfère porter des robes _____ coton. ( )
3. Elle a crié _____ joie quand elle a entendu la nouvelle. ( )
4. Je ne fais rien _____ spécial. Pourquoi? Voulez-vous que je vous aide? ( )
5. Elle me regardait _____ un air curieux. ( )

C. *En:* Remplacer les tirets par *en* et en justifier l'emploi.

Exemple: Ce bracelet est _____ argent.

Ce bracelet est en argent. (matière)

1. Cette année je veux passer mes vacances _____ France. ( )
2. Je préfère voyager _____ train. ( )
3. Croyez-vous pouvoir écrire tout le rapport _____ une heure? ( )
4. Je rends toujours visite à mes parents _____ hiver. ( )
5. Est-ce que vos chaussures sont _____ cuir ou _____ plastique? ( )

D. *Chez, dans, par, pour:* **Remplacer les tirets par** *chez, dans, par,* **ou** *pour,* **selon le cas, et en justifier l'emploi.**

    1. Attendez un moment. Paul a dit qu'il téléphonerait _____ cinq minutes. (   )

    2. J'ai rendez-vous _____ le dentiste cet après-midi.(   )

    3. Le voleur est sorti _____ la fenêtre. (   )

    4. Il m'a téléphoné simplement _____ bavarder. (   )

    5. Les clés se sont _____ le tiroir du bureau. (   )

    Vérifiez vos réponses. Si vous avez fait une faute, révisez le chapitre.

Réponses aux exercices préliminaires

A. 1. à (ville) 2. à la (objet indirect) 3. à (avec)
    4. à (transport qu'on enfourche) 5. à l' (proposition adverbiale)

B. 1. du (pays masculin) 2. de (matière) 3. de (rapport entre le verbe et le nom)
    4. de (rien + adjectif) 5. d'un (proposition adverbiale de manière)

C. 1. en (pays féminin) 2. en (moyen de transport dans lequel on entre)
    3. en (durée) 4. en (saison) 5. en (matière)

D. 1. dans (après) 2. chez (dans le lieu de travail) 3. par (à travers)
    4. pour (but) 5. dans (à l'intérieur de)

Nom de l'élève _____ Professeur _____

II. Exercices

A. Donner la préposition qui s'impose.

1. Les temples aztèques ont été détruits _____ les Espagnols _____ XVIe siècle.

2. Au cirque, on trouve souvent une femme _____ barbe, ce qui amuse surtout les enfants.

3. _____ gagner quelques francs de plus, l'industrie _____ pétrole est prête à polluer les plages _____ la mer _____ Nord.

4. Je mets toujours mon carnet _____ chèques _____ la poche _____ mon veston.

5. Je vous prenais _____ quelqu'un _____ honnête, mais je vois que je me trompais.

6. _____ toute lecture, je n'avais qu'un vieux numéro de L'Exprès

7. Nous arrivons _____ Angleterre: nous avons quitté New York _____ midi et nous avons traversé l'Atlantique _____ sept heures.

8. Les prisonniers _____ guerre ont réussi à s'échapper en passant _____ un tunnel.

9. _____ quelques jours nous rentrerons enfin _____ nous.

10. Une montre _____ or! Voilà tout ce qu'on m'a donné _____ un demi-siècle de service!

11. _____ Afrique, il fait trop chaud _____ juillet; allons-y plutôt _____ automne.

12. Connais-tu une chanson _____ marche qui s'appelle En passant _____ la Lorraine?

13. _____ Afrique _____ nord, les Algériens ont commencé _____ réclamer l'égalité avec les Français, et ils ont fini _____ obtenir l'indépendance complète.

14. En regardant _____ le trou de la serrure, j'ai vu le général prendre des documents _____ le coffre-fort et les lire _____ un air inquiet.

15. De préférence, on parle _____ voix basse _____ hôpitaux.

16. On m'a proposé de partir _____ Colombie, passer deux mois _____ les Indiens Putumayos _____ étudier leurs structures matrimoniales.

17. Pour aller _____ Tombouctou _____ Oran, j'ai voyagé _____ pied, _____ voiture et _____ dos de chameau... Franchement, j'aurais préféré aller _____ train ou _____ avion.

18. Ce qui est inquiétant _____ lui, c'est son ambition.

19. Il a mis les photos _____ une enveloppe et les a envoyées _____ une revue _____ mode.

20. Le dimanche, _____ mon village, les femmes vont _____ l'église et les hommes les attendent _____ café.

---

la plage: the beach
se tromper: to be mistaken
le veston: the jacket
s'échapper: to escape

le coffre-fort: the safe
le trou de la serrure: the key hole
le dos: the back
le chameau: the camel

la revue: the magazine, the journal
la mode: the fashion

183

21. Au carnaval _____ Rio, les enfants mettent des nez _____ carton et des chapeaux _____ papier.

22. _____ qui sont les deux manuscrits _____ Stendhal qui vont être vendus aux enchères?

23. Il fait peut-être trop chaud _____ manger _____ soleil; mettons-nous plutôt _____ l'ombre.

24. _____ Japon on boit du saké.

25. Grâce à la Croix-Rouge, toute la population a été vaccinée _____ quelques jours.

26. Une jeune femme _____ cheveux blonds me dévisageait _____ insistance _____ un air moqueur qui avait quelque chose _____ provoquant.

27. On peut mourir _____ maladie ou _____ vieillesse, mais personne n'est jamais mort _____ amour.

28. Je voudrais bien manger quelque chose _____ chaud, mais s'il n'y a rien _____ prêt, je prendrai un sandwich _____ fromage.

29. Si tu veux que le travail soit bien fait, adresse-toi à quelqu'un _____ compétent.

30. Si vous revenez _____ une heure, j'aurai fini.

III. Exercices supplémentaires

A. Donner la préposition qui s'impose.

La vie _____ un étudiant peut être très agréable. Il est vrai qu'il faut étudier beaucoup _____ réussir_____ examens. Mais l'année scolaire est coupée _____ petites vacances. _____ hiver, _____ exemple, on peut partir _____ faire du ski _____ la montagne. L'année dernière je suis allé avec un ami _____ Chamonix, _____ France près du Mont Blanc. Nous sommes restés _____ ses parents qui ont une petite maison _____ ville. Je n'avais jamais fait de ski auparavant et donc j'ai pris des leçons _____ ski chaque jour. _____ deux semaines j'ai fait des progrès remarquables! _____ printemps je voudrais aller _____ la plage _____ Mexique _____ me reposer _____ soleil. J'ai déjà écrit _____ mon amie Nathalie pour savoir si je pourrais descendre _____ elle. Elle m'a répondu que nous pourrions non seulement nous baigner _____ la mer mais aussi monter _____ cheval. J'irai _____ voiture pour être libre de circuler. Je meurs _____ envie de partir.

---

le carton: the cardboard
vendre aux enchères: to sell at or by auction
une ombre (f.): a shade, a shadow

dévisager: to stare into someone's face
auparavent: previously

IV. Traductions

Traduire en français.

1. Come this way and you will see <u>The Man with the Golden Helmet</u> by Rembrandt.

   _____

   _____

2. In what year were you born, and in which city?

   _____

3. Normally one doesn't wear tennis shoes with an evening dress.

   _____

   _____

4. What am I thinking about? I'm thinking about what I should give to my mother
   for her birthday.

   _____

   _____

5. My friend said that in his country censorship had shut down three newspapers in two years.
   He thinks that six months from now, the government will control the press.

   _____

   _____

   _____

6. Several Matisse paintings were given to the Louvre Museum by Picasso's heirs.

   _____

   _____

7. We met three times: once in Rio, at the French Ambassador's; then in Italy, in a street of
   Naples; and finally at the opera in San Francisco.

   _____

   _____

   _____

8. If someone cries "Help!", he is probably in danger. It's best to call the police immediately.

   _____

   _____

the helmet: le casque
an heir: un héritier

a quotation: une citation

185

9. I want to show you something funny. It's a quotation from Victor Hugo that I found in
The Legend of Centuries.

_____

_____

_____

10. Do you like to play tennis? It's a very good game that can be played in the spring as well
as in the summer and fall.

_____

_____

Nom de l'élève ______________________ *Professeur* ______________________

QUATORZIÈME LEÇON ✠ PARTIE B

I. Exercices préliminaires

A. Écrire en toutes lettres les nombres cardinaux suivants.

1. 80 ______________________
2. 500 ______________________
3. 43 ______________________
4. 88 ______________________
5. 101 ______________________
6. 217 ______________________
7. 6000 ______________________
8. 5374 ______________________
9. 31 ______________________
10. 90 ______________________
11. 91 ______________________
12. 70 ______________________
13. 81 ______________________
14. 78 ______________________
15. 66 ______________________

B. Écrire en toutes lettres les nombres ordinaux suivants.

1. 17e ______________________
2. 8e ______________________
3. 31e ______________________
4. 400e ______________________
5. 61e ______________________
6. 6e ______________________
7. 1505e ______________________
8. 1er ______________________
9. 84e ______________________
10. 97e ______________________
11. 1000e ______________________
12. 14e ______________________
13. 80e ______________________
14. 71e ______________________
15. 55e ______________________

Vérifiez vos réponses. Si vous avez fait une faute, révisez la formation des nombres ordinaux et cardinaux.

Réponses aux exercices préliminaires

A. 1. quatre-vingts 2. cinq cents 3. quarante-trois 4. quatre-vingt-huit 5. cent un
6. deux cent dix-sept 7. six mille 8. cinq mille trois cent soixante-quatorze 9. trente et un
10. quatre-vingt-dix 11. quatre-vingt-onze 12. soixante-dix 13. quatre-vingt-un
14. soixante-dix-huit 15. soixante-six

B. 1. dix-septième 2. huitième 3. trente et unième 4. quatre centième 5. soixante et unième
6. sixième 7. mil cinq cent cinquième 8. premier 9. quatre-vingt-quatrième
10. quatre-vingt dix-septième 11. millième 12. quatorzième 13. quatre-vingtième
14. soixante-et-onzième 15. cinquante-cinquième

II. Exercices

A. Écrire en toutes lettres les fractions suivantes.

1. ½ _____
2. ⅓ _____
3. ¼ _____
4. ¾ _____
5. 6½ _____

B. Répondre aux questions suivantes.

1. Quelle est la date aujourd'hui?

_____

2. Combien coûte à peu près une bicyclette à dix vitesses?

_____

3. Quand êtes-vous né?

_____

4. Quelle sera la date d'aujourd'hui en huit?

_____

5. Quel âge avez-vous?

_____

6. Quel âge ont vos parents?

_____

7. Quelle sera la date dans quinze jours?

_____

8. Quelle heure est-il?

_____

9. Quelle sera la date mercredi prochain?

_____

10. Quel roi de France a dit "Après moi, le déluge"?

_____

C. Donner l'équivalent dans la langue de tous les jours.

1. 23 heures 15 _____

2. 12 heures 07 _____

3. 17 heures 36 _____

4. 8 heures 40 _____

5. 20 heures 02 _____

D. Traduire en français:

1. It's already noon.

_____

2. I'll leave in about ten days.

_____

3. He ordered half a carafe of wine.

_____

4. Henry VIII had six wives.

_____

5. It's a quarter to midnight.

_____

III. Exercices supplémentaires

A. Écrire en toutes lettres les fractions suivantes.

1. $\frac{3}{8}$ _____ 4. $8\frac{1}{2}$ _____

2. $\frac{7}{16}$ _____ 5. $\frac{2}{3}$ _____

3. $\frac{4}{5}$ _____

B. Écrire les opérations suivantes.

1. $83 + 76 = 159$ _____
2. $87 - 78 = 9$ _____
3. $7 \times 87 = 609$
4. $304 \div 16 = 19$ _____
5. $96 - 81 = 15$ ___ _____

IV. Traductions

Traduire en français.

1. There were two World Wars: the first, from nineteen fourteen to nineteen eighteen, and the second, from nineteen thirty-nine to nineteen forty-five.

_____

_____

2. In about ten days, it will be the two hundred thirty-second anniversary of the battle of Quintin.

_____

_____

3. In three days, at midnight, the spy will come to your window. Wait half an hour, then wait for him under the second lamppost on Forty-second Street.

_____

_____

4. The consul's wife spent nearly half her life in Asia.

_____

_____

---

to come get someone: venir chercher   the lamppost: le bec de gaz

5. Francis the First of France met Henry the Eighth of England at Boulogne.

_____

_____

6. About twenty members of the Chinese delegation will arrive in about two weeks.

_____

_____

7. Last year Italy won; this year Mexico won; France hasn't won for about fifteen years.

_____

_____

8. The marriage was celebrated on June the first, sixteen ninety-seven, and annulled on August the second, seventeen hundred and four.

_____

_____

9. The nineteenth century was the century of colonization, the twentieth that of emancipation.

_____

_____

10. I'll come get you tomorrow evening at seven; we'll spend the whole evening together.

_____

_____